Dein Weg zu veganen & vegetarischen Köstlichkeiten

Das Lächeln der Roten Bete

ANITA KOLB

Vorwort

Wer mich kennt, weiß, dass Kochen mit Messbecher und Waage, mit Gramm und Milliliter so gar nicht mein Ding ist.

Essen zuzubereiten ist für mich keine Kopfsache. Essen zubereiten ist für mich wie ein Spaziergang durch eine schöne Landschaft – erholsam und ein Vollbad für meine Sinne. Frei von Zahlen, Zeit und zu genauen Vorgaben.

In dem Moment, in dem ich mich an den Herd stelle, lasse ich alles, was geschieht, einfach geschehen. Ich lasse mich leiten von meinem Bauch, meiner Nase und meiner Zunge. Ich nehme eine Karotte in die Hände, befühle sie und rieche ihren süßlich-erdigen Geruch. Ich greife ins Gewürzregal, öffne die Dose und lasse mich vom Duft des Kreuzkümmels umströmen. Was dann passiert, entscheiden Intuition, Neugier und natürlich auch mein über viele Jahre erlerntes Wissen. Selbstverständlich gibt es hier und da gewisse Regeln, an denen ich mich orientiere, aber dies geschieht viel mehr unterbewusst als bewusst.

Trotzdem habe ich mich auf den Weg gemacht, das Maß meiner Mahlzeiten zu finden, um dir mit diesem Buch eine Art „Grundwissen á la Anita“ an die Hand zu geben. Mein Wunsch wäre, dass du dich erst einmal an den Rezepten und den Maßeinheiten orientierst und dich dann mehr und mehr von ihnen löst.

Ich wünsche mir, dass auch du dich irgendwann traust, aus dem Gefühl und mit dem Herzen zu kochen. Frei von der Sorge, es könnte am Ende nicht schmecken.

Irgendwann, darauf hoffe ich, nimmst du einfach etwas Gewürz zwischen Daumen und Zeigefinger und lässt es in den Kochtopf rieseln. Erst einmal nur ganz wenig. Dann probierst du, wie es schmeckt und gibst vielleicht noch etwas mehr von diesem Gewürz hinzu. Vertraue dir. Vertraue darauf, dass deine Sinne dich leiten. Jede und jeder kann kochen. Davon bin ich überzeugt.

Habe Nachsicht mit dir, wenn es nicht gleich gelingt. Probiere es einfach erneut. Wie ein Baby, das Laufen lernt. Aufstehen, fallen, wieder aufstehen, wieder fallen. Gelingt dir ein Gericht wieder und wieder nicht, schreibe mich einfach an und lass uns darüber reden. Wie du mich erreichst, erfährst du am Ende dieses Buches.

Ich wünsche mir, dass du dieses Buch wie einen Wanderführer durch meine Kochlandschaften liest. Einen Wanderführer, der immer wieder Raum lässt für Umwege, Abkürzungen und neue Trampelpfade, für neue Kreationen, Kombinationen und kulinarisches Querdenken. Sei mutig!

Deine Anita

Inhaltsverzeichnis

Einleitung

Alles hat im Jahr 2006 angefangen. Nach einer schweren Magen-Erkrankung musste ich meine Ernährung umstellen. Ich hatte mich zu diesem Zeitpunkt schon mit der indischen Lehre des Ayurveda (Wissen um das Leben) und den ayurvedischen Ernährungsprinzipien vertraut gemacht. Nun trat auch noch die viele Jahrhunderte alte Ernährungslehre der Äbtissin Hildegard von Bingen in mein Leben. Neue Gewürze wie Bertram, Galgant und Quendel hielten Einzug in meine Küche, ebenso neue Lebensmittel wie Dinkel, Rote Bete und Fenchel. Der Effekt auf meinen erkrankten Magen war enorm. Die Ärzte staunten bei einer Nachuntersuchung nicht schlecht, wie schnell und gut mein Magen genesen war.

Im Wartezimmer des Krankenhauses erzählte ich einer Patientin, die unter ähnlichen Beschwerden litt, von meinen neuen Ernährungsgewohnheiten und den Erfolgen. Die Dame hatte sich ganz und gar der Schulmedizin anvertraut und war schon regelrecht verzweifelt, da ihre Entzündung einfach nicht heilen wollte. Sie war so begeistert von dem, was ich ihr über meine Erfahrung und den ganzheitlichen Ansatz meiner Ernährung erzählte, dass sie voll Dankbarkeit und Hoffnung über das ganze Gesicht strahlte. Rückblickend weiß ich heute, dass dies der Moment war, in dem mir klar wurde, dass ich der Welt und den Menschen etwas zu sagen habe. Dass ich mein Wissen über die Zubereitung wohltuender und alle Ebenen nährende Speisen mit meinen Mitmenschen teilen möchte.

Also machte ich mich auf den Weg. Ich beendete mein bestehendes Arbeitsverhältnis, suchte mir eine Beratungsstelle für Existenzgründung und tüftelte mit lieben Menschen aus meinem Umfeld an einem Konzept. Ein Konzept, mit dem es möglich sein sollte, auf meine ganz persönliche Weise mein Wissen über Dinkel und Co. in die Welt hinaus zu tragen.

Im Mai 2008 war es dann soweit: Ich gründete meine erste eigene Firma – die „Flämingherzen". Als Erstes kreierte ich eine Dinkelvollkornwaffel, die aus nur sechs Zutaten bestand: Dinkelschrot, Honig, Margarine, Wasser, Zimt und einer Prise Salz – mehr nicht! Ich kaufte mir einen mobilen Verkaufswagen und tingelte fortan mit meiner Waffel von Öko-Wochenmarkt zu

Öko-Wochenmarkt, zum Berliner Yogafestival und auf den Staudenmarkt. Es dauerte nicht lange, bis mich auf den Wochenmärkten fast jede und jeder kannte. Der Duft meiner Waffeln zog durch die Marktgassen und war offenbar so betörend, dass ich manchmal mehrere hundert Münder an einem Tag verköstigte.

Zu meinen Stammgästen gehörten bald auch Irina und Valentin Alex vom Yogateam Berlin. Im September 2010 fragten sie mich, ob ich mir vorstellen könne, für ihr Yoga-Retreat auf der Insel Rügen zu kochen. Ich sagte zu und dem ersten Retreat folgten schnell viele weitere Retreats, auch für viele andere Yogastudios aus dem ganzen Land. Mein zweites Standbein neben der Waffelbäckerei war geboren, und der Kornspeicher Mauritz auf der Insel Rügen wurde für mich eine zweite Heimat.

Seit nunmehr 10 Jahren koche ich nun auf der Insel Rügen, auf der wir seit 2018 auch unser neues Zuhause haben. Viele der wunderbaren und wohltuenden Speisen, die du in diesem Buch findest, habe ich mir im Kornspeicher erdacht. Hier backe ich auch manchmal noch die berühmte Dinkelvollkornwaffel, mit der alles angefangen hat. Nur den Marktstand, den gibt es nicht mehr. Voller Dankbarkeit habe ich ihn in Berlin zurückgelassen.

Dafür gibt es jetzt dieses Buch, das ich immer schreiben wollte. Mit dem „Lächeln der Roten Bete“ geht für mich ein Traum in Erfüllung. Möge dieser kleine Schatz dich inspirieren und ermutigen, dein für dich hier und heute passendes Gericht zuzubereiten.

Ich wünsche dir auf dem Weg zu deinen vegan-vegetarischen Speisen von Herzen ganz viel Freude und Leichtigkeit!

Du und dein wunderbares Gemüse

Wenn du über den Wochenmarkt gehst und dir beim Anblick des frischen grünen, gelben, roten, orangen Obst, Gemüse und der Kräuter dein Seelenwasser der tiefen Berührung in die Augen steigt, dann ist es mir mit diesem Buch gelungen, dich für die Schönheit, die Kraft und die Liebe deiner Lebensmittel zu sensibilisieren.

Spüre diese universelle Kraft wenn Mangold, Rote Bete, Zucchini, Tomaten, Kürbis, Blumenkohl, Brokkoli, Sellerie, Schwarzwurzeln, Rettich, Petersilie, Koriander, Schnittlauch, Knoblauch, Rauke, Äpfel, Trauben, Birnen mit dir in Kontakt treten!

Erkenne, was in jeder dieser Gemüse- und Obstsorten, in jedem Kraut für ein kleiner, aber feiner Samen steckt!

Nimm das Gefühl in dir wahr, dass einige dieser Obst- und Gemüsesorten sich einzig und allein auf ihre Lebensreise gemacht haben, um dir hier und heute zu begegnen, um deinen Körper, deine Seele, ja, deinen universellen Geist zu nähren!

Was für ein einzigartiger Moment in deinem Leben, wenn du erkennst, welch großes Wunder gerade geschieht: eine Birne, eine Möhre – nur für DICH – wenn du deinem persönlichen Wunder namens Birne oder Möhre voller Liebe, Ehrfurcht und mit absolutem Respekt begegnest!

Alle anderen Schritte werden dir danach ganz leicht von der Hand gehen: das Zubereiten, das Kochen und das Anrichten auf deinem Teller denn ...

- ♥ Du bist in Kontakt mit deiner Nahrung getreten
- ♥ Du bist in Verbindung mit dem, was dich nährt
- ♥ Du bist in Liebe mit deinem Gemüse
- ♥ Du bist in Liebe mit deinem Obst
- ♥ Du bist in Liebe mit deinen Kräutern, deinen Gewürzen
- ♥ Du bist in Liebe mit allem, was hier und heute und für immer mit dir in Kontakt getreten ist, um deinen Körper, deinen Verstand, deine Seele zu nähren!!!
- ♥ Lebe und genieße es!
- ♥ Freue dich darauf, deine Nahrung ihrer Bestimmung zuzuführen
- ♥ Lass sie ein Teil von dir werden
- ♥ Tanze, lache, singe, umarme deine Nahrung
- ♥ Erfreue dich an ihrem wunderschönen Aussehen
- ♥ Sie wird dich sehr, sehr gerne an ihrer Einmaligkeit, an ihrer Wahrhaftigkeit, an ihrer Einzigartigkeit und auch an ihrer Liebe teilhaben lassen

Gewürze und Kräuter – mit denen ich koche

Assafötida
Bertram gemahlen
Bockshornklee ganz
Getrocknete Chilis
Curryblätter
Indischer Curry
Fenchelsamen
Garam Masala
Galgant gemahlen
Gartenkräuter
Kardamom ganz
Koriandersaat ganz
Kräuter der Provence
Kreuzkümmel ganz
Kurkuma
Lorbeerblätter
Nelken ganz
Nelken gemahlen
Paprika edelsüß gemahlen
Pfefferkörner
Scharfmacher
Senfsaat ganz
Steinsalz
Sternanis
Zimt gemahlen
Zimtstange

Ich empfehle dir Gewürze nur dann pulverisiert zu kaufen, wenn es gar nicht anders geht. Zum einen verfliegt bei pulverisierten Gewürzen sehr schnell das wunderbare Aroma, zum anderen verlieren Gewürze in Verbindung mit Sauerstoff und UV-Strahlen auch sehr schnell etwas von ihrer heilsamen und wohltuenden Kraft.

Zum Mahlen der Gewürze nimmst du am besten einen Mörser zur Hilfe. Bei Rinden wie zum Beispiel der Zimtrinde ist es angebracht, eine kleine elektrische Kaffee- beziehungsweise Gewürzmühle zur Hilfe zu nehmen oder die Rinde als solche mitzukochen und vor dem Servieren aus dem Topf zu fischen.

Um den Saaten das Maximum an Aroma zu entlocken, nimm eine Bratpfanne mit dickem Boden, lasse die Saaten hineinkullern, stelle deinen Herd auf Stufe 1 (beim Gasherd die kleinste Flamme) und röste die Saaten unter ständigem Rühren so lange, bis ein feiner Duft durch deine Küche zieht.

Sobald dies der Fall ist, ist es an der Zeit, mit Hilfe des Mörsers oder der Mühle diesen wunderbaren Gewürzen zu helfen, ihre Kraft, ihren Duft, ihre Seele zu entfalten.

Solltest du doch einmal zu viel pulverisiert haben, so ist es für die Aufbewahrung wichtig, dass die Gewürze in einem dunklen Glas untergebracht und vor Sonnenstrahlen geschützt aufbewahrt werden.

Ein kleiner Ausflug in die Ernährungslehre der Hildegard von Bingen

»Die beste Heilstätte der Welt, nebst Licht, Luft, Wasser und Erde, ist eine mit Verständnis, Sorgfalt und Liebe geführte Küche.«

Diesen wunderschönen Satz habe ich 2005 in einem Buch über die Ernährungstherapie der Hildegard von Bingen (1098–1179) das erste Mal gelesen. Die Lehren und Weisheiten dieser Frau faszinierten mich von Anfang an. Mit welcher Liebe und Weisheit Hildegard von Bingen über Dinkel, Kräuter und viele andere Lebensmittel schrieb, hat mich tief berührt und meine Art zu kochen und mich zu ernähren, nachhaltig beeinflusst.

Nach der hildegardischen Ernährungslehre kannst du selbst den besten Beitrag zu deiner Gesundheit leisten, indem du deinen Körper mit WERTvollen Lebensmitteln MAßvoll versorgst. Hierbei geht es weniger um Vitamine und Mineralstoffe als vielmehr um die positiven Eigenschaften und feinstofflichen Qualitäten von Lebensmitteln.

In der sogenannten Subtilitätslehre nach Hildegard werden die Lebensmittel nach ihrem Heilwert eingeteilt. Das heißt übersetzt ins tagtägliche Kochen: Lass dich beim Einkaufen von Lebensmitteln von deinem Bauchgefühl leiten. Gehe aus dem Kopf und spüre, was dir die Lebensmittel zu sagen haben.

Ich glaube, es ist wichtig, die Wertigkeit unserer Lebensmittel wieder in unser Bewusstsein zu holen, dieses Bewusstsein dann loszulassen, um auf diesem Weg eine für uns stimmige Ernährung zu finden.

Was sich mir in der Ernährungslehre der Hildegard von Bingen ganz besonders eingeprägt hat, ist ihr Wissen über Dinkel. Mir war bis dahin gar nicht bewusst, mit welch wundervollem, liebevollen und gehaltvollen Getreide wir durch die Anwesenheit von Dinkel in unseren Kulturkreisen beschenkt werden.

DAS URGETREIDE

»Dinkel ist das beste Getreide, fettig und kraftvoll und leichter verträglich als alle anderen Körner. Es verschafft dem, der es isst ein rechtes Fleisch und bereitet ihm gutes Blut. Die Seele des Menschen macht er froh und voll Heiterkeit. Und wie immer zubereitet man ihn isst, sei es als Brot, sei es als andere Speise, ist er gut und lieblich und süß.«

Hildegard von Bingen – Auszug

Inzwischen weiß ich, dass diese Glückseligkeit, die meinen Körper nach einer wärmenden Dinkelgrießsuppe, einer feinen Dinkelvollkornwaffel, einem Dinkelrisotto oder, ganz, ganz köstlich, einer Schale Habermus erfüllt, einerseits mit der

Zusammensetzung der für unser Wohlgefühl so wichtigen Aminosäuren zu tun hat, andererseits Dinkel aber auch ein Getreide ist, das voller innewohnender Freude und Liebe steckt.

Diese große Lebensfreude spiegelt sich ebenfalls in der Besonderheit auf dem Feld wider. Dinkel ist ein Getreide, das sich von dem, was von außen kommt, kaum beeinflussen lässt. Es geht seinen Weg vom Samenkorn bis zur Reife, egal ob Feinstaub in der Luft liegt, saurer Regen vom Himmel fällt oder Sporenpilze hungrig sind. Das an der Mutterpflanze heranwachsende Korn ist bis zu seiner Reife in einen schützenden Spelzmantel (Schale) eingemummelt. Dieser Mantel behütet das Korn so lange, bis die Ähre geerntet wird, um ihre weitere Reise im großen Zyklus des Lebens anzutreten.

Das bedeutet auch, dass Dinkel das am wenigsten belastete Getreide ist.

Als ich mich 2006 auf den Weg in die Selbstständigkeit machte, war es mir von Anfang an eine Herzensangelegenheit, Dinkel als Grundlage für mein zukünftiges Schaffen zu nehmen.

Erst einmal alles aus Dinkel

KOCHDINKEL – WIRD AUCH ALS DINKELGRAUPEN BEZEICHNET

Ausgangsprodukt ist geschälter und gereinigter Dinkel. Durch einen Schleifvorgang werden die Fruchtschale und ein Teil der äußeren Samenschale entfernt. Das Ergebnis sind Dinkelkörner, die nicht länger als ein Topf Reis kochen müssen, um sie anschließend beliebig weiter zu verwenden.

Natürlich ist es auch möglich, unbearbeitete Dinkelkörner zu verwenden. Allerdings ist es gut, diese über Nacht einzuweichen und dann im Einweichwasser zu kochen.

Hier einige Beispiele für die weitere Verwendung:

- morgens ein Esslöffel gekochte Dinkelkörner unter dein Habermus mischen
- 2–3 Esslöffel unter gekochten Reis heben
- deinen Salat mit den leckeren Körnern aufwerten
- pur anstelle von anderen Beilagen
- als Nachtisch mit Kompott reichen

Ich wünsche dir Freude beim Zubereiten!

Dinkelrisotto

ZUTATEN

300 g Kochdinkel oder über Nacht eingeweichte Dinkelkörner
1 Zwiebel (ohne ist auch ok)
2 rote Paprika
300 g Möhren
300 g Grüne Bohnen (TK oder frisch)
2 Esslöffel Olivenöl
2 Teelöffel Kurkuma
1 Teelöffel Paprikapulver scharf
1 Teelöffel Paprikapulver süß
2 Teelöffel Salz

TIPP

Diese Gemüsesorten sind nur ein Beispiel. Selbstverständlich kannst du je nach Saison auch andere Gemüsesorten miteinander mischen. Deiner Kreativität sind bei einem guten Risotto keine Grenzen gesetzt.

Dazu passt ...

Rote Bete Salat, Gurke mit einem Joghurt-Minzdressing, saure Sahne oder Soyananda (vegan) mit etwas Meerrettich und Salz vermischt

ZUBEREITUNG

› den Kochdinkel beziehungsweise die eingeweichten Dinkelkörner mit je 1 Teelöffel Salz und Kurkuma bissfest garen
› das Gemüse waschen
› die Zwiebel in kleine Würfel schneiden
› die Paprika in Würfel schneiden
› die Möhren in Scheiben schneiden
› die Bohnen halbieren (TK Bohnen einfach so lassen)
› das Olivenöl in einer Gemüsepfanne erhitzen
› die Zwiebel leicht bräunen
› das restliche Gemüse dazugeben, alles zusammen leicht anbraten
› die restlichen Gewürze dazugeben, alles einmal durchmischen und mit einer kleinen Tasse Wasser ablöschen
› die Gemüsemischung auf kleiner Flamme 10 Minuten köcheln lassen
› den fertigen Dinkel unter das Gemüse mischen
› alles zusammen noch einmal ca. 10 Minuten auf kleinster Flamme stehen lassen, damit alle, die sich in deinem Kochtopf getroffen haben, erst einmal kennenlernen

Dinkel-Gemüse-Auflauf

ZUTATEN

200 g Kochdinkel oder über Nacht eingeweichte Dinkelkörner
1 Teelöffel Gemüsebrühe hefefrei
1 kleine Zwiebel
500 g Möhren
3 Esslöffel Olivenöl
300 g Mangold
4 Esslöffel Mandelmus weiß
2 Esslöffel Zitronensaft
1 Teelöffel Senf
1 Esslöffel Ahornsirup
1 Prise Muskat
2 Lorbeerblätter
Pfeffer frisch gemahlen
3 Esslöffel Sesam
1 Teelöffel Schwarzkümmel
3 Esslöffel Dinkel Paniermehl

Dazu passt …

Salat in all deinen Lieblingsvarianten

ZUBEREITUNG

› zunächst die Dinkelkörner mit einem Teelöffel Instant Gemüsebrühe ca. 25–30 Minuten kochen
› währenddessen das Gemüse waschen
› die Zwiebel in kleine Würfel schneiden
› die Möhren waschen, bei Bedarf schälen und ebenfalls in Würfel schneiden
› Zwiebelwürfel und Möhren in einer Gemüsepfanne zusammen mit dem Olivenöl kurz anbraten, dann bei niedriger Temperatur ohne Zugabe von Flüssigkeit ca. 10 Minuten zugedeckt dünsten – zwischendurch mal umrühren
› in der Zwischenzeit den Mangold waschen und klein schneiden
› nachdem die Möhren und Zwiebeln ca. 10 Minuten die Gemüsepfanne für sich allein hatten, ist es nun an der Zeit, den Mangold unterzumischen und weitere 5 Minuten zugedeckt zu dünsten
› den Dinkel abgießen und dabei die Kochflüssigkeit auffangen
› gemeinsam mit der Kochflüssigkeit 300 ml Gemüsebrühe herstellen
› Mandelmus und Zitronensaft in eine Schüssel geben und mit Hilfe eines Schneebesens solange rühren, bis die Masse eindickt und bereit ist, die Gemüsebrühe bei sich aufzunehmen
› nachdem die Gemüsebrühe dazu beigetragen hat, dass aus der Masse eine cremige Soße geworden ist, dürfen die Gewürze wie frisch gemörserte Lorbeerblätter, Senf, Ahornsirup, Muskat und frisch gemahlener Pfeffer ihren Platz darin einnehmen
› du kannst ihnen helfen, sich in dem Ensemble zurechtzufinden, indem du weiter mit dem Schneebesen durch die inzwischen richtig köstliche Soße tanzt
› nun die Hälfte des gekochten Dinkels in eine mit Öl eingefettete Auflaufform geben, dann eine Schicht Gemüse und darauf den restlichen Dinkel verteilen
› jetzt hast du das Vergnügen, die abgeschmeckte und für lecker befundene Soße gleichmäßig über dem zukünftigen Auflauf zu verteilen
› in einer kleinen Schüssel Sesam mit Schwarzkümmel und Dinkel-Paniermehl mischen, und diese Mischung als „Crème de la Crème" über die Dinkelschicht streuen
› nun geht es ab in den Backofen, wo es bei 200 Grad ca. 40 Minuten lang richtig heiß hergeht, bevor der fertige Auflauf deinen Teller zieren darf

Dinkelvollkornspirelli/Gemüsepfanne mit hausgemachtem Bärlauch-Pesto

ZUTATEN

500 g Dinkelvollkornspirelli
5 Esslöffel Olivenöl
5 Esslöffel Sesamöl
250 g Möhren
150 g (1) Pastinaken
200 g (1 – 2) Fenchelknolle
100 g (2 – 3) Petersilienwurzeln
1 kleiner Hokkaido ca. 500 g
3 kleine Zucchini ca. 500 g
1 Chilischote
2 Teelöffel Kräuter der Provence
1 Teelöffel Salz
3 Esslöffel Bärlauch-Pesto

TIPP

· das Rezept für ein Pesto findest du im Kapitel Basics
· wer es gerne scharf mag, kann einfach etwas Chili- oder Ingweröl unterheben
· diese Pfanne erfreut sich je nach Jahreszeit auch an anderen Gemüsesorten

ZUBEREITUNG

› das Gemüse waschen – Möhren, Petersillienwurzel und Pastinaken schälen und die Enden abschneiden – den Hokkaido vierteilen und mit Hilfe eines Esslöffels das Kerngehäuse entfernen – die Fenchelknolle vierteilen und den unteren Teil des Strunks ausschneiden – von den Zucchini die Enden abschneiden – das Gemüse (bis auf die Zucchini, diese extra reiben und auf die Seite stellen!) entweder mit Hilfe einer Reibe oder einer Küchenmaschine zu „Schnipsel" verarbeiten; die Spirelli nach Packungsanweisung al dente kochen, abgießen, kurz in kaltem Wasser baden, wieder abgießen und auf die Seite stellen
› in einer Gemüsepfanne das Olivenöl zusammen mit dem Sesamöl bei mittlerer Hitze erwärmen
› bis auf die Zucchini alle Gemüseschnipselchen in die Pfanne geben, kurz in der wundervollen Ölmischung wenden und zugedeckt ca. 10 Minuten garen (ab und zu umrühren)
› die Zucchinischnipsel, Salz und Kräuter dazugeben – alles zusammen noch einmal schön miteinander vermengen
› danach ist es an der Zeit, dass die Nudeln und das Pesto dem Gemüse Gesellschaft leisten; also hinein damit; alles zusammen gut miteinander vermengen, noch kurz erwärmen und siehe da, wieder ein einfaches, jedoch sehr wertiges und feines Essen für Körper, Geist und Seele
› als Dekoration dienen dir hier ein paar Basilikumblättchen oder auch frische Bärlauchblätter

Dazu passt ...
Salat, allem voran Salat mit einem Joghurtdressing oder einem Dressing aus Soyajoghurt.

Ich wünsche dir eine schöne Zeit beim Zubereiten dieses Essens!

Dinkelbratlinge

ZUTATEN

200 g Kochdinkel oder über Nacht eingeweichte Dinkelkörner
500 ml Gemüsebrühe (Instant oder selbst gemacht)
2 Möhren
1 Fenchel
150 g Räucher-Tofu
6 Esslöffel Olivenöl
1 Zwiebel
150 g Dinkel-Semmelbrösel
2 Teelöffel Thymian
1 Teelöffel Oregano
1 Teelöffel Galgant
1 Bund Petersilie
Bratöl zum Ausbacken der Bratlinge

Dazu passt ...

jede Art von Gemüse, Kartoffelpüree, schwäbischer Kartoffelsalat oder im Sommer ein schöner grüner Salat mit Kapuzinerkresse

ZUBEREITUNG

› den Dinkel in der Gemüsebrühe ca. 20 Minuten garen
› Möhren waschen
› von dem Fenchel den Strunk und das äußere Blatt entfernen
› Möhren und Fenchel grob raspeln (manuell oder mit Maschine)
› 3 Esslöffel Olivenöl in einer Pfanne auf mittlerer Temperatur erhitzen
› die Zwiebel dazugeben und glasig dünsten
› Möhren, Fenchel, die Hälfte des Dinkels und sämtliche Gewürze dazugeben
› alles zusammen zugedeckt ca. 10 Minuten weiter dünsten (ab und zu wenden)
› in der Zwischenzeit die zweite Hälfte des Dinkels mit 2 Esslöffel Olivenöl und dem Räucher-Tofu pürieren
› die Gemüsemischung aus der Pfanne mit der Tofumischung, den Semmelbröseln, der Petersilie vermengen, den Teig abschmecken und ca. 30 Minuten ausruhen lassen damit alle Zutaten Zeit haben, sich kennen zu lernen
› aus der Dinkel-Gemüse-Masse mit feuchten Händen Bratlinge formen, zuerst eine Kugel, dann diese etwas flach drücken
› anschließend in einer Bratpfanne das Bratöl erhitzen
› im heißen Öl ca. 18 Bratlinge ausbacken

Viel Freude bei der Zubereitung!

Dinkel-Kräuter-Waffeln

ZUTATEN

1 kg feiner Dinkelschrot
1 l Wasser
150 g Margarine
200 g Sonnenblumenöl
2 Esslöffel getrocknete Gartenkräuter
1 Teelöffel Salz
1 Teelöffel Kurkuma
1 Teelöffel Galgant
1 Teelöffel Bertram

Dazu passt ...

Grüner Salat, ein fruchtiges Chutney oder ein feiner Kräuterquark

Achtung! Teig muss über Nacht ruhen!

ZUBEREITUNG

› die Margarine in einem kleinen Topf erhitzen und zum Schmelzen bringen
› das Sonnenblumenöl, die flüssige Margarine und sämtliche Gewürze und Kräuter in einer Schüssel gut miteinander verrühren und mit dem Wasser vermengen
› anschließend erst das Wasser in den Dinkelschrot einrühren
› alles zusammen nochmals kräftig durchrühren
› den Teig zugedeckt über Nacht stehen lassen, um den Zutaten die Chance zu geben, sich kennenzulernen und eine köstliche Verbindung einzugehen. Hierfür lieben sie weder einen kalten noch einen zu warmen Ort
› das Herz-Waffeleisen bei offenem Deckel auf höchster Stufe vorheizen
› vor dem Ausbacken den Teig mit einem Holzkochlöffel noch einmal so richtig schön durchrühren
› sobald das Eisen richtig heiß ist, eine Kelle Waffelteig in die Mitte der unteren Platte geben und den Teig gleichmäßig auf alle Herzen verteilen
› das Waffeleisen schließen (den Deckel nur darauf legen und nicht darauf drücken!!!) und ausbacken
› den Deckel erst dann vorsichtig öffnen, wenn die Kontrolllampe des Waffeleisens grün leuchtet
› sollte etwas Teig am Waffeleisendeckel kleben, dann noch einmal für 5 Atemzüge den Deckel schließen. Wenn die Waffel dann immer noch am Deckel klebt, diese vorsichtig mit einer Gabel oder wenn vorhanden einer Gebäckzange vom Deckel lösen. Dass sich die Waffel dabei in 2 Hälften teilt, ist ganz normal. Nach dem Loslösen einfach den Deckel noch einmal schließen, langsam bis auf 10 zählen, und fertig ist deine Kräuterwaffel à la Anita

Käsewaffeln

100 g geriebenen Käse in den Waffelteig einrühren.
Die Käsesorte ist Geschmackssache (junger Gouda ist eher mild im Geschmack, Bergkäse eher deftiger). Wichtig für den schönen Schmelz ist ein Käse mit mindestens 50 % Fett i.Tr.

Dazu passt ...
Grüner Salat mit einem Zitronen-Olivenöl-Dressing, Apfel-Möhren-Salat

Wildkräuterwaffeln

2 Esslöffel getrocknete Wildkräuter (Aurelia), Wildkräuter-Pesto oder Wildkräuter in Öl zum Grundrezept dazugeben

Dazu passt ...
Rote Bete-Apfel Salat, Apfel-Möhren-Salat oder ein grüner Salat mit frischen Wildkräutern

Bärlauchwaffeln

2 Esslöffel getrockneten Bärlauch, Bärlauch-Pesto oder Bärlauch-Öl zum Grundrezept dazugeben

Dazu passt ...
Kräuterquark, grüner Salat mit Wildkräutern

Mediterrane Waffeln

2 Esslöffel getrocknete italienische Kräuter oder Kräuter der Provence zum Grundrezept geben (dann Gartenkräuter weglassen). Eine kleine Zucchini grob hobeln und ganz am Schluss unter den Teig heben

Dazu passt ...
Tomatensalat mit Oliven, viel frischem Basilikum und frischem Ruccola

Frische Dinkelvollkornbrötchen

ZUTATEN

1 kg Dinkelvollkornmehl
(am Besten frisch gemahlen)
1 Würfel frische Hefe
oder 2 Päckchen Trockenhefe
300 ml warmes Wasser
2 Esslöffel Olivenöl
1 gestrichener Teelöffel Salz
Saaten zum Bestreuen wie Mohn, schwarzer oder brauner Sesam, Kürbiskerne, Leinsaat, Sonnenblumenkerne oder eine Mischung aus Lieblingssaaten zusammenstellen

ZUBEREITUNG

› 2 Backbleche mit Backpapier auslegen
› ein Schüsselchen Wasser zum Hände befeuchten bereitstellen
› Saaten oder Saaten-Mischung deiner Wahl bereitstellen
› Dinkelvollkornmehl in eine große Schüssel wiegen
› bei Trockenhefe: gut unter das Mehl mischen
› bei frischer Hefe: die Hefe in eine Tasse krümeln, 1 Teelöffel Zucker sowie 4 Esslöffel warmes Wasser dazugeben und alles so lange rühren, bis sich die Hefe ganz aufgelöst hat; diese Mischung in das Mehl gießen
› Salz und Olivenöl zum Mehl geben und alles gut miteinander mischen
› nun ist es an der Zeit, das warme Wasser nach und nach mit deinen Händen unter die Mehl-Hefe-Mischung so lange zu kneten, bis sich ein geschmeidiger Teig in deiner Schüssel wiederfindet
› sobald du strahlst wie die liebe Sonne am Himmel, weil du in deinen Händen einen Teig hältst, mit dem du locker flockig und spielerisch eine große Kugel formen kannst, ist es an der Zeit, etwas Mehl auf deine Arbeitsfläche zu streuen
› die große Teig-Kugel auf deine Arbeitsfläche legen, und diese noch einmal richtig doll durchkneten
› deine Hände anfeuchten
› mit Hilfe deiner Hände von der großen Teig-Kugel kleine Stückchen abreißen
› diese dann zu einer kleinen Kugel (die Größe der Brötchen bleibt dir überlassen) rollen und sie anschließend etwas flachdrücken
› die Teiglinge erneut etwas anfeuchten, in den Saaten deiner Wahl wenden, bevor sie es sich in kleinen Abständen auf den Backblechen gemütlich machen dürfen
› die Bleche zugedeckt mit einem sauberen Geschirrhandtuch für 30 Minuten auf die Seite stellen
› nach 20 Minuten Ruhezeit den Backofen auf 180 Grad Umluft vorheizen und eine kleine Blechschüssel mit Wasser in den Ofen stellen
› nach der Ruhezeit geht es für die Teiglinge ab in den kuschlig warmen Backofen, um dort für 20 Minuten zu verweilen
› danach die (duften) Brötchen aus dem Ofen holen. Ob die Backzeit ausgereicht hat, kannst du testen, indem du mit dem Finger auf die Unterseite eines Brötchens klopfst. Wenn es etwas hohl klingt, sind sie definitiv fertig gebacken, wenn nicht, sollten sie erneut für kurze Zeit im Ofen nachbacken

Mein Habermus – herzlich willkommen neuer Tag

ZUTATEN
3–4 Äpfel
4 getrocknete Aprikosen
4 getrocknete Feigen
4 getrocknete Pflaumen
4 Datteln
100 g Rosinen oder Sultaninen
1 Prise Galgant
1 Prise Bertram
2 Teelöffel Zimt
1 Prise Nelke
300 ml Wasser
150 g große Dinkelflocken

Dazu passt ...
ein frischer Obstsalat

ZUBEREITUNG

› wer es gerne mal ausprobieren möchte: 10 Minuten Morgenmeditation und der Tag fängt meines Erachtens schon mal richtig gut an! Ansonsten:
› die Äpfel waschen und vierteilen
› das Kerngehäuse mit einem kleinen Küchenmesser vorsichtig ausschneiden
› die Apfelviertelchen, sämtliche Trockenfrüchte, bis auf die Rosinen, klein schneiden
› Äpfel, Rosinen und Trockenfrüchte mit Wasser (gut bedeckt) in einen Kochtopf geben, zudecken und auf den Herd stellen
› die Fruchtkomposition zusammen mit den Gewürzen zum Kochen bringen
› sobald die Sinfonie kocht, den Herd herunterschalten und ca. 20 Minuten vor sich hinköcheln lassen
› nach der Garzeit den Herd ausschalten und die wunderhübschen Dinkelflocken dazugeben
› nun alles zusammen ruhen lassen, damit die Flocken und das Obst Zeit haben, sich kennenzulernen
› nach ca. 10 Minuten ist es dann soweit, das Habermus ist fertig!

TIPP

· von dem Kompott gleich etwas mehr machen und noch heiß in Marmeladen-, Kompott-, Erdnussmus- oder Apfelmusgläser abfüllen. So hast du eine Basis für dein Frühstück, falls es morgens mal schnell gehen muss
· es wäre zwar schade, wenn du Dinkel nicht verträgst: Aber deshalb musst du keinesfalls auf ein so wohltuendes Frühstück verzichten. Du kannst den Dinkel ganz einfach durch andere Cerealien wie z.B. Buchweizenflocken etc. ersetzen
· während das Kompott ganz entspannt vor sich hin köchelt, nutze ich die Zeit, um mir ein Morgengetränk vorzubereiten: da wäre erst einmal mein Ingwer Shot oder Ingwer-Zitronen-Kurkuma-Tee; in der kühleren Jahreszeit erfreue ich mich an einer Goldenen Milch oder einer würzigen Chai Latte; ich liebe es auch, meinen müden Geist mit einem tiefgrünen Matcha oder einer hellgrünen Matcha Latte zum Tagesgeschäft zu motivieren

Herzhaftes Dinkel-Kräuter-Protein-Power-Frühstück

ZUTATEN

150 g Dinkel Bulgur
5 cm frischer Ingwer
2 Möhren
1 Esslöffel Sesamöl
1 Teelöffel Kurkuma gemahlen
oder 2 Teelöffel Kurkumaöl
1 Teelöffel Salz
100 g grüne Erbsen (TK)
50 g grüne Bohnen (TK)
1 Bund Schnittlauch
1 Bund Petersilie
2 Esslöffel Sonnenblumenkerne
2 Esslöffel Kürbiskerne
1 Esslöffel Sesam
2 Teelöffel Bärlauch- oder
Wildkräuter-Pesto
1 Limette

Dazu passt …

Raita, Salat mit einem Joghurt-Dressing (die Rezepte findest du unter „Salate und Suppen")

ZUBEREITUNG

› den Bulgur einmal mit klarem Wasser waschen, abgießen und zur Seite stellen
› den Ingwer fein hacken
› die Möhren waschen und fein raspeln
› in einem Topf (eher breit als hoch) das Sesamöl auf mittlerer Stufe erhitzen, den Ingwer darin kurz anbraten, die geraspelten Möhren dazu geben, umrühren, Deckel darauf und für ca. 5 Minuten bei niedriger Hitze durchziehen lassen
› Deckel abnehmen, Kurkuma und Salz einrühren
› anschließend den Bulgur dazugeben, umrühren und mit so viel Wasser aufgießen, dass die Bulgur-Mischung ca. 3 cm mit Wasser bedeckt ist; den Deckel darauf und alles zusammen zum Kochen bringen; den Herd auf die kleinste Stufe herunterschalten und die Mischung köcheln lassen, bis der Bulgur das Wasser komplett aufgesaugt hat (ca. 10 Minuten)
› in der Zwischenzeit den Schnittlauch in feine Röllchen schneiden und die Petersilie waschen und fein hacken
› Bohnen und Erbsen in einem separaten Topf in 4 Esslöffel Wasser, einem Esslöffel Zitronensaft oder Essig und einer Prise Salz ca. 10 Minuten dünsten
› danach die Hälfte des Schnittlauchs und die restlichen Kräuter mit den Erbsen und Bohnen mischen und auf die Seite stellen
› sobald das Getreide gar ist (es sollte noch den gewissen Biss haben, aber nicht mehr hart sein; ansonsten noch etwas Wasser nachgießen) die Erbsen-Kräutermischung unterheben, alles zusammen noch einmal ca. 5 Minuten bei ausgeschaltetem Herd und mit geschlossenem Deckel durchziehen lassen
› Sesam, Kürbis- und Sonnenblumenkerne auf kleiner Hitzezufuhr in einer Pfanne rösten
› die Limette entsaften, den Saft zusammen mit dem Pesto unter das Getreide heben
› nun ist es an der Zeit, dass diese schöne Pfanne auf den Tisch kommt und mit den restlichen Schnittlauchröllchen sowie den Saaten dekoriert wird

Blätterteig – eine Füllung spielt Verstecken

ZUBEREITUNG (gilt für alle Füllungen)

- ein Backblech mit Backpapier auslegen
- 1 Rolle Blätterteig (aus dem Kühlregal) aus seiner Packung befreien, kein Wellholz benutzen
- den Teig der Länge nach durchschneiden und dann quer in fünf gleich große Streifen schneiden
- auf die eine Hälfte des jeweiligen Streifens ca. 1 Esslöffel der Füllung geben; diese etwas verteilen und dabei darauf achten, dass ein Rand frei bleibt
- diesen Rand mit Wasser einpinseln
- anschließend die Streifen zusammenklappen, indem du die Teigseite ohne Füllung über die Seite mit der Füllung klappst
- nun die Ränder der Streifen mit einer Kuchengabel (es geht auch eine normale Gabel) festdrücken
- die gefüllten Taschen auf das Backblech legen, mit etwas Wasser einpinseln, mit Schwarzkümmel und/oder Sesam bestreuen
- bei 200 Grad Ober/Unterhitze ca. 20 Minuten ausbacken

Rote Bete-Kartoffel-Füllung

ZUTATEN

200 g kleine Rote Bete Knollen
100 g Kartoffeln
1 Bund glatte Petersilie
3 Lauchzwiebeln
oder 1 Bund Schnittlauch
3 Teelöffel Meerrettich aus dem Glas
1 Teelöffel Schwarzkümmel
1 Prise Muskat
1 Esslöffel Olivenöl

ZUBEREITUNG

› Rote Bete Knollen und Kartoffeln mit Wasser bedecken und in ca. 25 Minuten weichkochen, kalt abschrecken und etwas abkühlen lassen
› in der Zwischenzeit die Petersilie fein hacken
› zusammen mit den kleingeschnittenen Lauchzwiebeln in einem Esslöffel Olivenöl etwas anbraten
› die Kartoffeln und die Rote Beten pellen, in Würfelchen schneiden und in einem tiefen Teller mit einer Gabel etwas zerkleinern (anstelle einer Gabel kannst du auch einen Kartoffelbrei-Stampfer nehmen)
› danach darf dieser schöne rote Brei in eine Schüssel, wo es dann an der Zeit ist, dass sich die Lauchzwiebel-Petersilie-Mischung, der Meerrettich und die Gewürze dazugesellen, um gemeinsam im Blätterteig Verstecken zu spielen!

Kartoffel-Kürbis-Füllung

150 g Kartoffeln, ein kleiner Hokkaido-Kürbis (ca. 150 g), 2 Lauchzwiebeln, 1 Esslöffel Olivenöl, 1 Teelöffel Kurkuma, 2 Teelöffel Indischer Curry, 1 Teelöffel Kräutersalz

- die Kartoffeln mit Wasser bedeckt in ca. 20 Minuten weichkochen, kalt abschrecken und etwas abkühlen lassen
- in der Zwischenzeit den Kürbis entkernen und das Fruchtfleisch in feine Würfel schneiden
- zusammen mit den kleingeschnittenen Lauchzwiebeln in dem Olivenöl anbraten
- mit einer halben Tasse Wasser ablöschen und ca. 15 Minuten zugedeckt einköcheln lassen
- Kurkuma, Curry und Kräutersalz dazugeben
- die Gewürze ca. 3 Minuten auf kleiner Flamme schön in den Kürbis einziehen lassen
- die Kartoffeln pellen, in Würfel schneiden und in einem tiefen Teller mit einer Gabel etwas zerkleinern
- mit dem Kürbis ebenso verfahren
- nun dürfen Kartoffeln und Kürbis sich in einer Schüssel kennenlernen, um sich mit Hilfe eines Kochlöffels und deiner tatkräftigen Hilfe zu einer Masse zu vereinen!

Kartoffel-Erbsen-Füllung

200 g Kartoffeln, 100 g Erbsen (TK), 25 g Ingwer, 2 Lauchzwiebeln, 1 Esslöffel Olivenöl, 4 Stängel Koriander, 2 Teelöffel indischer Curry, schwarzer Pfeffer

- die Kartoffeln mit Wasser bedeckt in ca. 20 Minuten weichkochen, kalt abschrecken und etwas abkühlen lassen
- in der Zwischenzeit die Erbsen aus der Tiefkühltruhe holen und zum Auftauen in eine Schüssel kullern lassen
- den Ingwer ganz fein hacken
- zusammen mit den kleingeschnittenen Lauchzwiebeln in einem Esslöffel Olivenöl etwas anbraten
- den frischen Koriander fein hacken
- die Kartoffeln pellen, in Würfel schneiden und in einem tiefen Teller mit einer Gabel etwas zerkleinern
- nun ist es an der Zeit, dass sich Erbsen, Kartoffeln, die Ingwer-Lauchmischung und sämtliche Gewürze in einer Schüssel treffen, um mit Hilfe eines Kochlöffels und deiner Herzensenergie eine liebevolle Beziehung einzugehen!

Spinat-Schafskäse-Füllung

400 g Blattspinat (TK oder frisch), 4 Lauchzwiebeln,
100 g Schafskäse Feta oder veganer Käse,
3 Teelöffel Bärlauch-Pesto, 1 Prise Muskat

› TK Spinat aus der Verpackung befreien, in heißem Wasser auftauen, gründlich waschen und das Wasser kräftig ausdrücken oder
› frischen Spinat gründlich sauber machen, in etwas Salzwasser kurz blanchieren, das Wasser abgießen und den Spinat ordentlich ausdrücken
› die kleingeschnittenen Lauchzwiebeln in einem Esslöffel Olivenöl etwas anbraten
› den Käse klein krümeln
› Spinat, Käse, Lauchzwiebeln, Pesto und die Gewürze dazu einladen, sich in einer Schüssel zu begegnen, um mit Hilfe eines Kochlöffels und deiner tatkräftigen Power eine ganz besonders feine Beziehung zu feiern!

Tomaten-Paprika-Zucchini-Füllung

1 Glas getrocknete Tomaten in Öl, 3 Knoblauchzehen, 1 Chilischote, 2 kleine Zucchini, 1 rote Paprika, 1 Esslöffel Zitronensaft, 2 Teelöffel Scharfmacher Gewürz, schwarzer Pfeffer, 2 Teelöffel geräuchertes Paprikapulver

› eingelegte Tomaten durch ein Sieb abgießen (das Öl zur weiteren Verwendung auffangen)
› Knoblauch und Chilischote klein hacken
› Zucchini, Paprika und Tomaten in sehr kleine Würfel schneiden
› die eine Hälfte des gewürfelten Gemüse auf die Seite stellen
› die andere Hälfte mit der Knoblauch-Chili Mischung in 2 Esslöffel Tomatenöl anbraten
› das gebratene Gemüse in ein hohes Gefäß geben und alles zu einem Mus zu pürieren
› in einer Schüssel darf es nun zu einer Wiedervereinigung des rohen und des inzwischen pürierten Gemüses kommen, um mit deiner Hilfe und dem eines Kochlöffels ein großes Wiedersehen zu feiern!

TIPP

Anstelle der Streifen kannst du auch Dreiecke schneiden und diese füllen.

Apfelstrudel

ZUTATEN

1500 g Äpfel
100 g Rosinen
50 g getrocknete und klein geschnittene Datteln
1 große Tasse Apfelsaft (Direktsaft)
100 g gehackte Mandeln
4 Esslöffel Dinkelvollkorngrieß
1 Teelöffel Zimt
1 Zitrone
1 Rolle frischer Blätterteig
etwas Zimt / Zucker zum Bestreuen

ZUBEREITUNG

› die Äpfel vierteln, das Kerngehäuse ausschneiden, in kleine Stückchen schneiden und zusammen mit dem Apfelsaft, den Rosinen, den klein geschnittenen Datteln und dem Zimt in einen Kochtopf geben
› die Zitrone waschen, mit einer Raspel die Zitronenschale bis auf das weiße Fruchtfleisch abhobeln und die abgeriebene Zitronenschale unter die Fruchtmischung im Topf rühren
› die fruchtige Mischung zum Kochen bringen, den Herd runter schalten und das Fruchtkompott ca. 15 Minuten sanft vor sich hin köcheln lassen
› in der Zwischenzeit die Mandeln grob hacken und den Blätterteig ausrollen (dabei darauf achten, dass das Backpapier nicht beschädigt wird)
› die Fruchtmischung vom Herd nehmen (die Äpfel dürfen gerne noch Biss haben) und ca. 10 Minuten abkühlen lassen
› anschließend den Grieß und die Mandeln unter das Apfelkomplott rühren
› die Ränder des Blätterteigs mit Wasser einpinseln
› die Apfelmasse der Länge nach mittig auf den Teig geben und wie beim herzhaften Strudel den Blätterteig in Form bringen
› den Backofen auf 180 Grad vorheizen
› den geformten Strudel mit Wasser bestreichen, etwas Zimt/Zucker auf dem Strudel verteilen
› danach die Oberfläche des Strudels mit einem scharfen Messer quer einschneiden, diesen mitsamt dem Backpapier auf ein Backblech legen und ab geht es für die nächsten 25 Minuten in den kuschlig warmen Backofen
› nach dem Backen den Strudel ohne Papier auf ein Gitter zum Abkühlen ziehen

Zusammen mit warmer Vanillesoße der absolute Knaller!

Rote Bete und Wegbegleiter – mal schauen, wohin die Reise geht

Gekochte Rote Bete

ZUTATEN
1 kg Rote Bete
2 Esslöffel Salz

TIPP

- wenn du Rote Bete-Knollen mit Blatt und Stiel bekommen hast: Diese auf keinen Fall mitkochen, sondern von den Knollen abschneiden, ohne diese zu verletzen, waschen, klein schneiden und wie Mangold spätestens am nächsten Tag weiter verarbeiten. Du kannst sie auch mit einem Esslöffel Essig oder Zitronensaft blanchieren und erst einmal einfrieren
- Rote Bete lassen sich als gekochte und geschälte Knolle ebenfalls ganz wunderbar einfrieren. So kannst du dir immer welche portionsweise aus der Truhe beziehungsweise aus dem Gefrierfach holen, wenn dir der Sinn nach Rote Bete steht!

ZUBEREITUNG

› die Knollen waschen, in einen großen Topf legen und mit kaltem Wasser übergießen, die Knollen sollten sich im Topf noch bewegen können

› das Salz dazugeben, zugedeckt zum Kochen bringen

› nachdem es im Topf ordentlich blubbert, den Herd herunterschalten und je nach Größe ca. 30 – 40 Minuten zugedeckt köcheln lassen

› nachdem die Rote Bete gar gekocht ist (du solltest beim hineinpieksen noch einen leichten Widerstand spüren), das Wasser abgießen und sofort kalt abschrecken. Diesen Prozess noch einmal wiederholen, ohne beim zweiten Mal das kalte Wasser abzugießen

› nun kannst du ohne Probleme im Wasserbad die Knollen von ihrer Schale befreien, indem du sie einfach zwischen deinen Händen frei rubbelst

› sollte die Schale mal etwas widerspenstiger sein, so kannst du diese ganz leicht mit einem kleinen Küchenmesser abschaben

› nun eventuell noch die Enden abschneiden und voilà, schon sind deine Rote Bete-Knollen fertig und bereit zur weiteren Verarbeitung

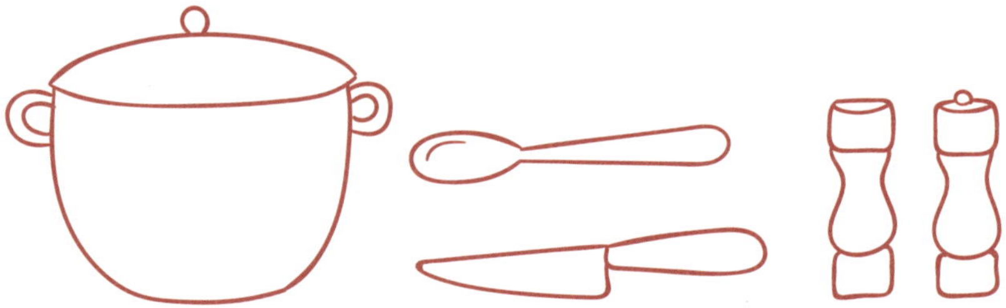

Rote Bete-Dinkel-Pfanne

ZUTATEN

1 kg gekochte und geschälte Rote Bete
150 g Dinkelkörner (Kochdinkel)
1 Teelöffel Zitronensaft
3 Esslöffel Sesamöl
2 Teelöffel frisch gemahlene Koriander-Saat
50 g Sonnenblumenkerne
3 Teelöffel Bärlauch-Pesto oder
2 Zehen Knoblauch geschält
1 Teelöffel Salz
etwas frisch gemahlener Pfeffer

TIPP

- du kannst auch ganze Dinkel-Kerne aus dem Bioladen nehmen, falls kein Kochdinkel vorhanden ist. Diese solltest du allerdings am Abend zuvor einweichen. Das Einweichwasser kannst du zum Kochen der Kerne ebenfalls verwenden
- die Rote Bete bereits am Abend zuvor kochen und schälen. Danach über Nacht im Kühlschrank aufbewahren

ZUBEREITUNG

› den Kochdinkel in Salzwasser (mit 2 Teelöffel Salz) zum Kochen bringen, die Energiezufuhr herunterschalten und ca. 30 Minuten zugedeckt vor sich hin köcheln lassen
› in der Zwischenzeit die Rote Bete in Würfel schneiden
› in einer Gemüsepfanne das Olivenöl erhitzen, die Rote Bete und den Zitronensaft unter das Olivenöl heben
› nach ca. 5 Minuten die Sonnenblumenkerne, Koriander und Salz unter die Rote Bete mischen
› den Dinkel abgießen (das Kochwasser in einer Schüssel auffangen)
› den Dinkel unter das Gemüse mischen, ca. 2 Tassen von dem Dinkelkochwasser unterheben, und alles zusammen auf kleiner Flamme (bzw. niedriger Temperatur) ca. 10 Minuten zugedeckt dünsten
› am Schluss entweder noch das Bärlauch-Pesto unterheben oder die geschälten Knoblauchzehen durch eine Knoblauchpresse in die Rote Bete-Dinkel-Pfanne pressen
› alles gut miteinander vermengen und mit frisch gemahlenem Pfeffer abschmecken!!!

Dazu passt ...

ein fruchtiges Chutney, eine Raita, eine Schale Feld- oder Posteleinsalat mit einem Senf-Meerrettich Dressing

Rote Bete-Linsen-Bratlinge

ZUTATEN

120 g braune Linsen – über Nacht einweichen
200 g gekochte und geschälte Rote Bete (ca. 2–3 Knollen)
100 g Dinkel Paniermehl
100 g zarte Haferflocken
2 Esslöffel Tamari (Sojasauce)
1 Teelöffel Salz
1 Teelöffel Rosenpaprika scharf
2 Teelöffel Kreuzkümmel gemahlen
2 Teelöffel Koriandersaat gemahlen
2 Teelöffel Curry indisch
2 Teelöffel Rosmarin – ganz fein hacken
frisch gemahlener Pfeffer
Erdnuss- oder Bratöl zum Ausbraten (je mehr Öl, umso knuspriger werden die Bratlinge)

ZUBEREITUNG

› die Linsen waschen, abgießen und anschließend in einem kleinen Topf mit reichlich Wasser zum Kochen bringen
› Temperatur herunterschalten und ca. 30 Minuten auf kleiner Flamme zugedeckt köcheln lassen
› in der Zwischenzeit die Rote Bete klein würfeln und in einem Gefäß mit dem Zauberstab unter Zugabe von zwei Esslöffeln Tamari pürieren
› sobald die Linsen gar sind, diese in ein Sieb abgießen, das Kochwasser auffangen – falls die Bratlinge noch etwas Flüssigkeit brauchen
› Linsen, Rote Bete-Püree, Haferflocken, Paniermehl und Gewürze in eine Schüssel geben und alles zusammen mit den Händen gut durchkneten; möge alles zu einer geschmeidigen Masse werden (ggf. noch etwas Kochwasser zugeben)
› eventuell mit etwas Salz und Pfeffer nachwürzen
› eine kleine Schüssel kaltes Wasser bereitstellen
› Öl in einer Pfanne auf höchster Temperaturstufe erhitzen
› die Hände mit dem Wasser aus der Schüssel anfeuchten und Bratlinge formen (zuerst in den Händen zu einer circa Ping Pong-großen Kugel rollen und anschließend etwas flach drücken)
› nun ab damit in das heiße Öl, die Temperatur etwas reduzieren (sonst saugen die Bratlinge das Öl auf)
› in aller Seelenruhe die Bratlinge auf jeder Seite knusprig ausbacken

Möhren-rote Linsen-Bratlinge

ZUTATEN
120 g rote Linsen
200 g Möhren
100 g Dinkel Paniermehl
100 g zarte Haferflocken
2 Esslöffel Tamari
1 Teelöffel Salz
1 Teelöffel Rosenpaprika scharf
2 Teelöffel Kreuzkümmel gemahlen
2 Teelöffel Koriandersaat gemahlen
2 Teelöffel Curry indisch
2 Teelöffel Kurkuma
2 Teelöffel getrocknete Petersilie

TIPP
· die Bratlinge etwas flacher machen, dann eignen sie sich wunderbar für die Stulle oder die Bemme oder aufs Weckle ... :-)
· falls du zu viele von den leckeren Bratlingen gemacht habt, so hast du mindestens zwei Möglichkeiten, was mit diesen geschehen darf: entweder du verwöhnst deine Nachbarn oder du packst sie in das Gefrierfach für die nächste Bratling-Genuss-Session :-)

ZUBEREITUNG (siehe auch Rote Bete-Linsen-Bratlinge)
› während die Linsen kochen, die Möhren putzen, in dicke Scheiben schneiden und in einer Gemüsepfanne mit einem Teelöffel Kokosfett im eigenen Saft bissfest garen
› anschließend alle Gewürze unterrühren und die Möhrchen in einer Schüssel pürieren
› weiter geht es wie bei den Rote Bete-Bratlingen ...

Dazu passt ...
Schwäbischer Kartoffelsalat, Möhrengemüse, Mischgemüse, Kürbis-Kartoffelbrei, alle grünen Salate ...

Rote Bete-Hokkaidokürbis-Möhren gebacken

ZUTATEN

3 große rohe Rote Bete Knollen
1 mittelgroßer Hokkaido
6 Möhren
6 Esslöffel fruchtiges Olivenöl
3 Zehen Knoblauch
1 gestrichener Teelöffel Salz
frisch gemahlener Pfeffer
1 Teelöffel Sesam
1 Zitrone
50 g Mandelblättchen

Dazu passt ...

ein frischer Spätsommer-Salat wie zum Beispiel Endivie, Feldsalat oder Postelein mit einem Essig-Öl-Dressing und Orangen- oder Apfelstückchen

ZUBEREITUNG

› mit einem Sparschäler die Rote Bete schälen und in Würfelchen schneiden
› den Hokkaido waschen, vierteilen, das Kerngehäuse mit einem Esslöffel herauslösen und das Fruchtfleisch ebenfalls in Würfelchen teilen
› die Möhren waschen, die Enden abschneiden, vierteilen und in Würfelchen schneiden
› den Backofen auf 200 Grad, wenn möglich bei Umluft, vorheizen
› auf einem Backblech gleichmäßig das Olivenöl verteilen
› das Gemüse auf dem Backblech verteilen und mit den Händen vermengen, sodass alle etwas von dem feinen Öl abbekommen
› Knoblauch pellen, in dünne Scheiben schneiden und diese gemeinsam mit dem Salz, etwas frischem Pfeffer und Sesam unter das Gemüse verteilen
› die Zitrone waschen, die eine Hälfte in Scheiben schneiden, die Scheiben halbieren und unter das Gemüse mischen, die andere Hälfte entsaften und das Gemüse damit beträufeln
› nun heißt es für ca. 30 Minuten ab in den Ofen (mittlere Schiene)
› danach das Backblech kurz aus dem Ofen nehmen
› die Grillstufe am Backofen einstellen
› die Mandelblättchen auf dem Gemüse verteilen. Auch wenn dir bei dem Duft, den das Gemüse inzwischen verströmt, das Wasser im Munde zusammenläuft, so geht die Reise dennoch für weitere ca. 10 Minuten zurück in den Ofen. Nun wird das Blech allerdings auf die unterste Schiene geschoben
› sobald die Mandelblättchen eine leichte Bräune aufweisen, kann endlich darüber nachgedacht werden, das Gemüse zu servieren

Vegan-vegetarischer Borschtsch

ZUTATEN

800 g rohe Rote Bete
500 g festkochende Kartoffeln
250 g Räuchertofu
1 Zwiebel
6 Esslöffel Sonnenblumenöl
500 g Sauerkraut (Glas/Tüte/eigene Herstellung)
1 Lorbeerblatt
1 – 2 Esslöffel Kreuzkümmelsaat (ganz)
1,5 l Gemüsebrühe (Instant oder eigene Herstellung)
1 Bund Dill
4 Teelöffel frischen Meerrettich
2 Teelöffel Salz
etwas schwarzer Pfeffer, frisch gemahlen
200 g saure Sahne oder veganer Soyananda Sauerrahm

Dazu passt ...

frisches Dinkelbrot oder Dinkelbaguette

ZUBEREITUNG

- Rote Bete und Kartoffeln schälen und grob würfeln
- 4 Esslöffel Öl in einem hohen Topf erhitzen, das vorbereitete Gemüse zugeben und unter gelegentlichem Wenden 5 Minuten anschwitzen
- Sauerkraut, Lorbeer, Kümmel und Brühe zugeben und alles mit geschlossenem Deckel ca. 20 Minuten köcheln lassen
- in der Zwischenzeit Dill waschen, trocknen und grob hacken
- Meerrettich fein reiben
- wenn das Gemüse gar ist, die saure Sahne oder das Soyananda sowie je ca. 2/3 des Dills und Meerrettich unter den Borschtsch mischen
- den Tofu fein würfeln und in 2 Esslöffel Öl knusprig anbraten und zum Gemüse geben
- mit Salz und Pfeffer abschmecken
- sobald der Eintopf fertig ist, kannst du diesen in tiefe Teller oder Schalen füllen und mit dem restlichen Dill und Meerrettich dekorieren

Viel Freude mit dem Zubereiten dieser wunderbaren Speise!

Ursulas Hirse-Gemüseauflauf – ein liebevolles Zuhause für heimatloses Gemüse

ZUTATEN

200 g Hirse aus Deutschland
600 ml Wasser
2 Teelöffel Sonnenblumenöl
2 Teelöffel gekörnte Gemüsebrühe
1 Teelöffel Kurkuma
1 Teelöffel Curry indisch
1 Prise Assafötida

für die Gemüsemischung:
1 kleiner Hokkaido
2 Esslöffel Olivenöl
5 große Möhren
2 Teelöffel Kurkuma
2 Teelöffel indischer Curry
2 Teelöffel Gartenkräuter
1 Lorbeerblatt
1 Prise Muskat
1 Prise Bertram
1 Prise Galgant
etwas Petersilie

ZUBEREITUNG

› das Sonnenblumenöl in einem kleinen Topf auf Stufe 2 erhitzen
› die Gewürze bis auf die Gemüsebrühe dazugeben und die Gewürzmischung ganz kurz anrösten
› die Hirse dazugeben und alles zusammen ca. 3 Minuten leicht anbraten
› die Gemüsebrühe in das Wasser einrühren, die Hirse damit ablöschen und den Topf sofort mit einem Deckel schließen
› die Hirse zum Kochen bringen und anschließend auf kleinster Stufe ca. 15 Minuten ausquellen lassen
› nach ca. 10 Minuten kannst du den Herd ganz ausschalten
› in der Zwischenzeit das Gemüse vorbereiten:
› den Hokkaido waschen, vierteilen und mit einem Löffel die Kürbiskerne samt Fasern vom Fruchtfleisch lösen und beiseite stellen
› den Kürbis in kleine Stücke teilen
› die Möhren waschen, eventuell schälen (ich schäle nur ältere Möhren, junge Möhren haben eine so feine Schale, dass das meines Erachtens nicht notwendig ist) und würfeln. Kleine Möhren einfach in Scheiben schneiden
› das Olivenöl in einer Gemüsepfanne auf Stufe 2 erhitzen, das Gemüse und die Gewürze dazugeben und alles zusammen ca. 5 Minuten leicht anbraten
› ein kleines Glas Wasser dazugeben und mit geschlossenem Deckel ca. 15 Minuten auf kleiner Hitze köcheln lassen, hin und wieder umrühren
› den Backofen auf 200 Grad vorheizen
› anschließend das Gemüse (es sollte noch etwas Biss haben) mit der Hirse vermischen und in eine mit etwas Olivenöl eingefettete Auflaufform geben
› eine der folgenden Varianten darüber verteilen:

Vegetarische Variante

- 200 g Käse, beispielsweise Emmentaler oder Bergkäse, fein hobeln
- die eine Hälfte unter die Hirse-Gemüsemischung geben und die andere Hälfte darauf verteilen
- helle Sesamsaat darüberstreuen und ab damit in den Backofen für ca. 15 Minuten
- vor dem Servieren noch frische Petersilie darüber streuen (falls keine frische vorhanden ist, geht auch getrocknete)

Vegane Variante

- Soyananda (veganer Sauerrahm) und 2 Esslöffel Mandel- oder Cashewmus in etwas Wasser einrühren
- eventuell noch etwas Salz und Pfeffer dazugeben und das ganze über den Auflauf geben
- helle Sesamsaat darauf verteilen und ab damit in den Backofen für ca. 15 Minuten
- vor dem Servieren noch frische Petersilie darüber streuen (falls keine frische vorhanden ist, geht auch getrocknete)

Vegetarische Bolognese – Variation à la Anita

ZUTATEN

100 g Kidneybohnen über Nacht einweichen
100 g weiße Riesenbohnen über Nacht einweichen
200 g feines getrocknetes Sojageschnetzeltes
1 Zwiebel
3 Zehen Knoblauch oder 1 Esslöffel Knoblauchöl
1 rote Paprika
1 Pepperoni rot
2 Möhren
1 Fenchel
3 Zucchini
1 Glas Gehackte Tomaten (ca. 500g)
1 Esslöffel Instant Gemüsebrühe
4 Teelöffel Tomatenmark
5 Esslöffel Olivenöl
1 Teelöffel Curry
2 Teelöffel Rosenpaprika
1 Teelöffel Pfeffer
1 Teelöffel Kreuzkümmel gemahlen
2 Teelöffel Kräuter der Provence
1 Teelöffel Salz

ZUBEREITUNG

› das Einweichwasser der Bohnen abgießen. Die Bohnen ohne Zugabe von Salz in einem Topf Wasser ca. 40 Minuten kochen (sie sollten gut mit Wasser bedeckt sein)
› das Sojageschnetzelte in einen Topf geben, mit einem 1/2 l heißem Wasser übergießen, die Gemüsebrühe einrühren, kurz aufkochen, den Herd ausschalten und das Geschnetzelte ca. 20 Minuten ausquellen lassen
› in der Zwischenzeit die Zwiebel klein schneiden, den Knoblauch schälen und beides zur Seite stellen
› das Gemüse waschen
› die Möhren schälen, in Würfel (oder kleine Möhrchen in Scheiben) schneiden
› die Paprika vierteilen, vorsichtig den Strunk ausschneiden, die Viertelchen in Würfel schneiden und zu den Möhren geben
› Frau Fenchel vom äußeren Blatt befreien, die Knolle einmal längs halbieren (Querschnitt), den Strunk ausschneiden, Frau Fenchel in Würfel schneiden und diese dann Möhrchen und Paprika besuchen lassen
› die Zucchini nach der Befreiung von ihren Enden ebenfalls in Würfel schneiden, in einer extra Schüssel zur Seite stellen
› in einer Gemüsepfanne das Olivenöl erhitzen (nicht volle Pulle), um darin die Zwiebel glasig zu dünsten
› mit Hilfe einer Knoblauchpresse den Knoblauch pressen
› Knoblauch, die Gewürze sowie das Tomatenmark dazugeben und unterrühren
› die Bohnen abgießen und diese gemeinsam mit dem restlichen Gemüse (außer den Zucchiniwürfeln) unterheben
› das Sojageschnetzelte abgießen und zum Gemüse geben
› mit den gehackten Tomaten die Gemüsemischung ablöschen
› alles zusammen aufkochen, eventuell noch etwas Wasser dazugeben, und kurz vor Ende der Garzeit, nach ca. 15 Minuten, die Zucchini noch 5 Minuten mitköcheln lassen
› dann abschmecken und Hipp Hipp Hurra – die fertige Bolognese, die steht da!

Dazu passen ...
ganz wunderbar Nudeln oder frisches Baguette und ein köstlicher grüner Salat :-)

TIPP
Ist ein Schnellkochtopf vorhanden, ist es natürlich auch möglich, die Bohnen in ca. 15 Minuten (ab dem Zeitpunkt wenn der Topf unter Druck steht) zu garen.

Winter Ratatouille – darauf darf sich fast jedes Herbstgemüse freuen

ZUTATEN

1 kg gekochte Rote Bete – auf keinen Fall zu weich kochen
4 mittelgroße Kartoffeln (festkochend)
1 Zwiebel
2 Stangen Sellerie
1 kleiner Hokkaido
1 Fenchel
6 Esslöffel Olivenöl
1 Glas Sauerkraut
1 Flasche Tomaten Passata
1 Lorbeerblatt
2 Teelöffel indischer Curry
2 Teelöffel Scharfmacher
1 Teelöffel Kreuzkümmel ganz
1 Teelöffel Kreuzkümmel gemahlen
2 Teelöffel Paprika (scharf)
1 Esslöffel Salz

Dazu passt …

gekochte Dinkelkörner, gekochte Hirse, Hörnchennudeln oder einfach frisches Baguette

TIPP

Eine Winter Ratatouille schmeckt auch Tags darauf noch richtig lecker!

ZUBEREITUNG

› Zwiebel und Sellerie würfeln
› gekochte und geschälte Rote Bete sowie die geschälten Kartoffeln in Würfel schneiden
› den Hokkaido vierteln, das Kerngehäuse mit einem Esslöffel heraus schaben und anschließend das Fruchtfleisch in Würfel schneiden
› zuletzt vom Fenchel das äußere Blatt entfernen und den Rest ebenfalls würfeln
› bei mittlerer Energiezufuhr das Olivenöl in einer Gemüsepfanne oder einem Wok erhitzen, die Zwiebel mit dem Sellerie ca. 5 Minuten darin anbraten
› sämtliche Gewürze für ca. 1 Minute dazugeben
› dann alle Gemüsewürfelchen in die Pfanne füllen, alles gut miteinander mischen und ebenfalls ca. 3-4 Minuten mitbraten
› das Sauerkraut mit Flüssigkeit und die Tomaten Passata unterheben
› 1 Passata Flasche voll Wasser oder Rote Bete Direktsaft dazugießen und alles zusammen aufkochen
› die Temperatur herunterschalten und die Winter Ratatouille ca. 20 Minuten köcheln lassen (eventuell noch Flüssigkeit nachgießen)
› sobald das Gemüse gar ist, die Pfanne vom Herd nehmen und in einer weiten Schüssel mit frischen oder getrockneten Kräutern anrichten

Ofengemüse

ZUTATEN
1 kleiner Hokkaido
2 Zucchini
2 Paprika (eine rote und eine gelbe)
2 Kartoffeln (festkochend)
1 Süßkartoffel
2 Möhren
2 Teelöffel Kräuter der Provence
3 Esslöffel Olivenöl
1 Teelöffel Salz

Dazu passt ...
jede Art von grünem Salat mit Vinaigrette oder Salate mit einem Jogurtdressing

ZUBEREITUNG

› ein Backblech mit einem Esslöffel Olivenöl einfetten
› den Backofen auf 200 Grad vorheizen
› den Hokkaido waschen, vierteilen und mit einem Löffel die Kürbiskerne und -fasern vom Fruchtfleisch lösen und diese beiseite stellen
› den Hokkaido nun in Spalten schneiden
› die Zucchini waschen, von ihrem Strunk befreien, in etwas dickere Scheiben schneiden
› die Paprikas halbieren, das Kerngehäuse herauslösen und in dicke Streifen schneiden
› die Kartoffeln schälen und vierteln
› die Süßkartoffel schälen, diese erst in der Mitte teilen, dann der Länge nach halbieren, um sie anschließend zu dicken Halbmondinnen zu schneiden
› das Gemüse gemeinsam auf das Backblech geben
› die Kräuter der Provence darüber streuen
› alles zusammen mit dem restlichen Olivenöl auf dem Backblech mischen und das Gemüse nun gleichmäßig verteilen
› das Blech auf die mittlere Schiene im Backofen schieben und das Gemüse im mollig warmen Ofen ca. 20 Minuten backen. Das Gemüse schmeckt am leckersten, wenn es nach der Garzeit noch etwas Biss hat
› das Blech aus dem Ofen nehmen, noch etwas Salz darüberstreuen und fertig ist dieses ausgesprochen leckere Ofengemüse

Curry – hier finden viele Gewürze ihre Heimat

In Indien und in vielen anderen asiatischen Ländern ist ein Curry ganz und gar nicht vom Speiseplan wegzudenken. Curry wird auf dem indischen Subkontinent in sehr sehr vielen Varianten zubereitet. Oft mit den unterschiedlichsten Gemüsesorten, die es in der jeweiligen Jahreszeit zu kaufen gibt, aber auch mit Fleisch oder Fisch und garantiert immer scharf.

Meine erste Begegnung mit einem indischen Curry war in einer pakistanischen Garküche in Quetta. Der Duft des Essens hatte eine regelrecht magische Anziehungskraft auf mich, aber – meine Güte – war das scharf!!! Ich weiß nicht mehr, wie viele Brote ich danach gegessen habe, um das Feuer in meinem Mund zu löschen; es waren mit Sicherheit viele.

Nach sechs Jahren „leben mit scharfen Gewürzen“ auf dem indischen Subkontinent hatten sich meine Geschmacksknospen an die Schärfe gewöhnt. Als ich 1988 wieder zurück in Deutschland war, kochte ich meine Currys noch lange Zeit sehr scharf. Inzwischen liebe ich zwar hin und wieder ein richtig scharfes Essen, aber meine Rezepte in diesem Kochbuch sind allesamt mit einer feinen Grundschärfe niedergeschrieben.

Allerdings, wer es gerne scharf mag und vor allem, wem das gut tut, kann von Herzen gerne jederzeit nachwürzen. Um eine schöne Schärfe hinzubekommen, verwende ich die in Öl pürierten Chilis (Rezept unter Basics). So habe ich bei jedem Gericht die Möglichkeit, im Topf oder später am Tisch, die für mich heute stimmige scharfe Note in mein Essen zu zaubern.

Für ein richtig gutes Curry nehme ich mir gerne die Zeit, eine Grundsoße zu kochen. Diese Soße, die ich dir hier ans Herz legen möchte, eignet sich ganz wunderbar, um sie entweder heiß in Schraubgläser abzufüllen und luftdicht zu verschließen oder abgekühlt und portioniert einzufrieren.

Ich persönlich bevorzuge die Schraubglas-Variante. Die Gläser versehe ich dann mit Etiketten und bewahre sie an einem dunklen Ort auf.

Mit dieser Grundsoße kann ich mir nach einem langen Arbeitstag ganz einfach ein nährendes und leckeres Gemüsecurry zubereiten. Auch wenn ich mal nicht so viel Zeit zum Kochen haben sollte, geht es mit dieser Soße ganz fix, und schon habe ich eine köstliche Mahlzeit auf dem Tisch. Das Tolle ist auch, dass diese Soße ganz vielen Gemüsesorten eine Möglichkeit bietet, ihren Geschmack, ihre Schönheit und ihre wertvollen Inhaltsstoffe zu entfalten.

Currysoße

ZUTATEN (Grundsoße)

2 Esslöffel Kokosfett oder Ghee
1 Esslöffel Öl
1 Zwiebel
2 Knoblauchzehen
2 Stück Ingwer
(1Stück = ca. 1 kleiner Finger)
3 Teelöffel Curry indisch
1 Teelöffel Koriander gemahlen
1 Teelöffel Kreuzkümmel gemahlen
2 Teelöffel Kreuzkümmel ganz
1 Lorbeerblatt
2 Curryblätter
1 Teelöffel Assafötida
2 Teelöffel Salz
1 Teelöffel Chili in Öl
2 Esslöffel Tomatenmark
200 g Kartoffeln (mehlig kochend)
oder 1 Süßkartoffel
1 l Wasser
abgeriebene Schale einer halben
Zitrone

ZUBEREITUNG

› Ghee oder Kokosfett und Öl in einem flachen Topf mit dickem Boden erhitzen
› die Zwiebel klein hacken und zuerst darin glasig dünsten, dann unter Rühren goldgelb braten
› den Ingwer und Knoblauch fein hacken, dazugeben und unter Rühren ebenfalls mit anbraten
› alle anderen Gewürze dazugeben und unter Rühren etwas anrösten
› Tomatenmark dazugeben, kurz erhitzen
› die kleingewürfelten Kartoffeln mit in die Mischung geben, eventuell noch Öl oder Ghee hinzufügen und alles zusammen noch einmal kurz auf kleiner Flamme (beziehungsweise auf Stufe 2 beim E-Herd) anbraten
› zum Schluss mit dem Wasser ablöschen, zum Kochen bringen, herunterschalten und ca. 20 Minuten köcheln lassen
› nachdem die Kartoffeln gar sind, die Gewürzblätter wie Lorbeer und Curry aus dem Topf nehmen und alles zusammen mit dem Zauberstab gut pürieren
› abschmecken und voilà – fertig ist eine wunderbare und vollmundige Grundsoße

TIPP

· um ein eher gelbes anstelle eines roten Curry herzustellen, ersetze ich das Tomatenmark durch frische, geputzte Kurkumawurzel, die ich grob zerkleinere und in Öl püriere oder durch 2–3 Teelöffel gemahlenes Kurkumapulver
· wer keinen Knoblauch mag oder verträgt, kann diesen natürlich auch weglassen und anstelle dessen etwas mehr Assafötida nehmen
· wer keine Zwiebeln mag oder verträgt, kann diese selbstverständlich auch weglassen und einfach etwas mehr Currypulver nehmen

Grundsoße für Kokos-Curry

ZUBEREITUNG

› für ein Kokos-Curry nehme ich einfach die Hälfte der Grundsoße (Seite 48) und eine Dose Kokosmilch, gieße alles zusammen in einen Topf, lasse diese wundervolle Soße noch einmal aufkochen, sodass das Kokosfett sich mit den andere Zutaten verbindet. Abschmecken (natürlich muss ich nun nachwürzen, da sich das Misch-Verhältnis der Flüssigkeit verändert hat) und gebe das Gemüse meiner Wahl dazu, um es al dente zu garen.

› ich nehme einen Topf, gebe die Hälfte der Grundsoße (Seite 48), 300 ml Wasser und ein Päckchen (2 x 50 g) Kokosnusscreme dazu, lasse alles zusammen bei mittlerer Hitzezufuhr solange köcheln, bis die Kokosnusscreme geschmolzen ist und sich mit der Grundsoße zu einer cremigen Soße vereint hat (eventuell noch etwas Wasser nach gießen). Anschließend abschmecken (natürlich muss ich auch bei dieser Variante noch nachwürzen, da sich das Misch-Verhältnis der Flüssigkeit verändert hat) und gebe dann das Gemüse meiner Wahl dazu, um dieses al dente zu garen.

Mangold-Möhren-Curry – Spätsommer-Variante

ZUTATEN

500 g bunter Mangold
300 g Möhren
2 Stiele Stangensellerie
2 Esslöffel Kokosöl
2 Esslöffel Ingwer in Öl (siehe unter dem Kapitel Basics)
2 Teelöffel Kurkuma
2 Teelöffel Koriandersaat frisch gemahlen
2 Teelöffel Curry
2 Teelöffel Salz

ZUBEREITUNG

› das Gemüse waschen und von unerwünschten Stellen befreien
› die Möhren in dicke Scheiben, die Selleriestangen quer in Streifen schneiden
› in einer Gemüsepfanne das Kokosöl erhitzen, die Möhrenscheiben und den Sellerie hineingeben, umrühren und zugedeckt bei kleiner Hitze im eigenen Saft 10 Minuten dünsten
› in der Zwischenzeit die Stiele des Mangolds klein schneiden und die Blätter klein hacken
› die Gewürze zu der Möhren-Sellerie-Mischung geben und miteinander verrühren
› nach weiteren 2 Minuten die geschnittenen Stiele des Mangolds unterheben
› alles zusammen zugedeckt weitere 5 Minuten dünsten, bevor sich auch die feingehackten Mangoldblätter und die Kokosmilch dazu gesellen
› nun alles zusammen noch einmal zum Kochen bringen, die Temperatur herunterregeln, um nach weiteren 10 Minuten das fertige Curry abzuschmecken und mit einem Strauß feingehackter Petersilie oder Koriander bestreut zu servieren

Blumenkohl-grüne Erbsen-Curry

ZUTATEN
1 Blumenkohl
300 g Erbsen (TK)
1 Esslöffel Zitronensaft
1 Teelöffel Salz
2 Esslöffel Öl
1 l Grundsoße

Dazu passt …
Vollkorn Basmatireis, Chapati (Pfannenbrot), weißer Basmatireis

ZUBEREITUNG
› die Erbsen in ein Töpfchen kullern lassen, etwas Wasser hinzufügen, sodass die Erbsen gerade knapp bedeckt sind
› 1 Esslöffel Zitronensaft sowie 1 Teelöffel Salz dazugeben und die Erbsen kurz aufkochen lassen
› das Wasser abgießen und die blanchierten Erbsen auf die Seite stellen
› den Blumenkohl von seiner Hülle befreien, ohne den Strunk abzuschneiden
› anschließend den Blumenkohl im Ganzen mit Wasser abbrausen, das Wasser abschütteln, den Strunk abschneiden und den Blumenkohlkopf in kleine Röschen teilen
› den Strunk schälen und in kleine Stückchen schneiden
› in einer Gemüsepfanne oder einem Wok 2 Esslöffel Öl erhitzen, das Gemüse ca. 4 Minuten leicht anbraten
› mit der Grundsoße ablöschen und alles zusammen noch einmal ca. 10 Minuten köcheln lassen
› danach abschmecken, mit frischem Koriander oder frischer Petersilie aufhübschen und auf einem Teller anrichten

Paprika-Zucchini-Auberginen-Curry

ZUTATEN

2 rote Paprika
2 Auberginen
2 Zucchini
2 Esslöffel Tomatenmark
2 Esslöffel Öl
2 Esslöffel Sojasoße
500 ml Basissoße
frischer Koriander oder frische Petersilie

Dazu passt ...

Vollkorn Basmatireis, weißer Basmatireis, Jasminreis, gekochte Hirse, Chapati (Pfannenbrot)

ZUBEREITUNG

› das Gemüse waschen und in Würfel schneiden
› in einer Gemüsepfanne oder einem Wok 2 Esslöffel Öl erhitzen
› das Gemüse ca. 5 Minuten leicht anbraten
› das Tomatenmark und die Sojasoße dazugeben, alles zusammen ca. 3 Minuten bei mittlerer Hitze richtig schön wenden, sodass sich das Tomatenmark und die Sojasoße gut mit dem Gemüse verbinden
› mit der Basissoße ablöschen, alles zusammen noch einmal ca. 15 Minuten köcheln lassen (eventuell noch etwas Wasser dazu gießen)
› danach abschmecken, mit frischem Koriander oder frischer Petersilie aufhübschen und auf einem Teller anrichten

TIPP – Blanchieren

· grünes Gemüse nicht sofort in die Soße geben, sondern zuvor bei offenem Deckel in ganz wenig Wasser, etwas Salz und einem Teelöffel Zitronensaft oder Essig kurz blanchieren; das heißt das Gemüse wird nicht komplett gar gekocht, sondern bleibt höchstens 5 Minuten in dem kochend heißen Wasser
· dies empfiehlt sich gerade bei Brokkoli, Romanesco, grünen Bohnen, aber auch Erbsen und dient dazu, dass nicht nur die grüne Farbe erhalten bleibt, sondern auch viele Vitamine auf diesem Weg werterhaltend eingeschlossen werden
· Blanchieren ist übrigens auch super, wenn du zu viel Gemüse zu Hause hast und du dich entscheidest, etwas davon einzufrieren

Möhren-Kichererbsen als Kokos-Curry

ZUTATEN

150 g getrocknete Kichererbsen (alternativ 150 g Kichererbsen aus dem Glas, dann geht es ohne Einweichen)
500 g Möhren
2 Esslöffel Kokosöl
500 ml Basissoße
1 Dose Kokosmilch
frischer Koriander
oder frische Petersilie

Dazu passt ...

Vollkorn Basmatireis, Chapati (Pfannenbrot), weißer Basmatireis, Jasminreis

ZUBEREITUNG

› die Kichererbsen über Nacht einweichen, am nächsten Tag das Einweichwasser abgießen und die Kichererbsen bis zur Zubereitung erneut in frischem Wasser einweichen
› das Einweichwasser abgießen (auch bei denen im Glas)
› die Kichererbsen gründlich waschen (auch die im Glas), erneut abgießen
› anschließend in einem Topf mit reichlich Wasser bedeckt zum Kochen bringen (nicht die aus dem Glas)
› die Hitze reduzieren und die Kichererbsen ca. 40 Minuten vor sich hin köcheln lassen
› in der Zwischenzeit die Möhren gründlich waschen, eventuell schälen, die Enden abschneiden und die Möhren in Möhrenscheiben verwandeln
› in einer Gemüsepfanne oder einem Wok das Kokosöl erhitzen
› die Möhrenscheiben ca. 4 Minuten leicht anbraten
› mit der Basissoße und der Kokosmilch ablöschen, die Kichererbsen dazu geben und alles zusammen noch einmal ca. 15 Minuten köcheln lassen
› danach abschmecken, mit frischem Koriander oder frischer Petersilie aufhübschen und auf einem Teller anrichten

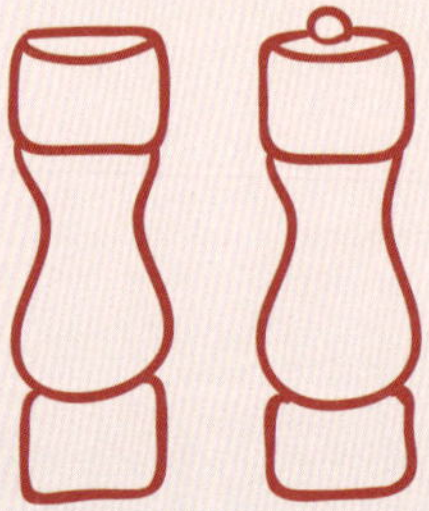

Rote Bete-Möhren als Kokos-Curry

ZUTATEN

400 g Rote Bete
400 g Möhren
1 Stange Sellerie
1 Esslöffel Zitronensaft
3 Esslöffel Öl
500 ml Basissoße
eine halbe Tasse Rote Bete-Saft
1 Dose Kokosmilch
frischer Koriander oder frische Petersilie

Dazu passt ...

Vollkorn Basmatireis, Chapati (Pfannenbrot), weißer Basmatireis, Jasminreis, gekochte Hirse

ZUBEREITUNG

› das Gemüse waschen, Rote Bete und Möhren schälen und zusammen mit dem Sellerie in Würfel schneiden
› in einer Gemüsepfanne oder einem Wok 2 Esslöffel Öl erhitzen, das Gemüse zusammen mit dem Zitronensaft ca. 5 Minuten leicht anbraten
› mit der Basissoße, dem Rote Bete-Saft und einer Dose Kokosmilch ablöschen
› alles zusammen noch einmal ca. 20 Minuten köcheln lassen
› danach abschmecken, mit frischem Koriander oder frischer Petersilie aufhübschen und auf einem Teller anrichten

Biryani – indischer Gewürzreis

ZUTATEN Reis

1 Räucherstäbchen
200 g weißer Basmatireis
1 Teelöffel Kurkuma
2 Teelöffel Curry
1 Curryblatt
2 Teelöffel Salz
1 Esslöffel Ghee oder Kokosfett

ZUTATEN Gemüse

200 g Möhren
100 g grüne Erbsen
(frisch oder tiefgefroren)
100 g grüne Bohnen
(frisch oder tiefgefroren)
1 kleiner Blumenkohl
5 getrocknete Aprikosen
10 Mandeln (ganz)
2 Esslöffel Kokosfett oder Ghee
2 Teelöffel indischer Curry
1 Teelöffel Salz
1 Lorbeerblatt
1 Stück Zimtstange
1 Nelke
2 Schoten Kardamom

ZUBEREITUNG

› als Erstes in dem Raum, in dem das Biryani gegessen wird, ein halbes Räucherstäbchen abbrennen lassen
› den trockenen Basmatireis in dem Fett kurz kross anbraten
› die Gewürze dazu geben und den Reis kurz in den Gewürzen wenden
› noch 2 Teelöffel Salz dazu geben und mit Wasser ablöschen
› den Reis gut mit Wasser bedeckt zum Kochen bringen und anschließend auf kleinster Flamme weiter köcheln lassen
› in der Zwischenzeit das Gemüse vorbereiten und eventuell waschen
› die Möhren schälen und in Würfel schneiden
› die Bohnen und Erbsen in Gänze lassen
› den Blumenkohl in kleine Röschen teilen
› die Aprikosen in kleine Stücke schneiden, alles beiseite stellen
› das Fett in einer Pfanne erhitzen und das Gemüse, die Mandeln und die Aprikosen kurz anbraten
› die restlichen Gewürze samt Salz dazugeben
› mit einer kleinen Tasse Wasser ablöschen, sofort einen Deckel auf die Pfanne geben und bei kleinster Flamme das Wasser ca. 15 Minuten einköcheln lassen. Das Gemüse sollte seinen Biss behalten
› sobald Reis und Gemüse gar sind, beides liebevoll miteinander vermengen

Dazu passt ...

ganz wunderbar eine Raita oder ein Rote Bete-Apfel Salat

Nun noch eine nette indische Musik auflegen und guten Appetit!

Kartoffelbrei – in all seiner Vielfalt

ZUTATEN GRUNDREZEPT

1 kg Kartoffeln, mehlig kochend
1/2 Teelöffel Salz
1/2 l warmes Wasser oder Gemüsebrühe
4 Esslöffel Olivenöl
1 Prise Muskat
frische oder getrocknete Gartenkräuter zum Dekorieren

TIPP

Zuerst die Kartoffeln und dann das Kochwasser in den Topf geben. Die Kartoffeln sollten gerade mal knapp mit Wasser bedeckt sein, das spart Wasser und Energie.

ZUBEREITUNG

› die Kartoffeln waschen, schälen, in Würfel schneiden und in einem Topf Wasser mit einer Prise Salz zum Kochen bringen
› sobald die Kartoffeln gar sind, das Kochwasser abgießen
› die Kartoffeln mit dem frischen Wasser oder der Gemüsebrühe übergießen, Olivenöl und Muskat dazugeben
› alles zusammen mit einem Kartoffelstampfer zu einem Brei stampfen und abschmecken
› mit Garten- oder Wildkräutern bestreut servieren

VARIANTEN

Kartoffel-Möhren-Brei

5 Möhren waschen, die Enden abschneiden, in Scheiben schneiden, in 2 Esslöffel Olivenöl mit wenig Wasser und bei niedriger Temperatur dünsten bis sie gar sind. Anschließend zu den fertigen Kartoffeln aus dem Grundrezept geben und alles miteinander gut stampfen. Möhren- oder Kartoffelstückchen sind durchaus erlaubt und geben dem Gericht das gewisse Etwas.

TIPP

Für eine besonders schöne Farbe und einen intensiveren Möhrengeschmack kann vor dem Stampfen etwas Flüssigkeit durch Möhren Direktsaft ersetzt werden.

Kräuter-Kartoffel-Brei

Aus frischen Wild- oder Gartenkräutern (zum Beispiel Bärlauch mit Brennnesseln, Petersilie mit Dill, Vogelmiere mit Giersch oder Löwenzahn) sowie Olivenöl und Salz ein Kräuteröl pürieren. Anstelle von Olivenöl und Salz aus dem Grundrezept 1 Esslöffel Kräuteröl unter das Kartoffelpüree mischen. Am Schluss noch etwas fein gehackte Kräuter unterheben.

Kartoffel-Kürbis-Brei

Einen kleinen Hokkaido halbieren, die Kerne mit einem Löffel auslösen, den Kürbis in kleine Stücke schneiden.
In einer Gemüsepfanne 2 Esslöffel Olivenöl mit je einer Prise Curry, gemahlener Koriander und Kurkuma bei niedriger Temperatur erhitzen. Den Kürbis dazugeben und mit wenig Kokosmilch ablöschen, das Gemüse sollte gerade mal knapp bedeckt sein. Nun bei niedriger Temperatur dünsten, bis es schön weich ist. Anschließend zu den fertigen Kartoffeln aus dem Grundrezept geben und alles miteinander stampfen.

TIPP

Sollte noch etwas Kokosmilch übrig sein, so kann diese unter das Kartoffelpüree gehoben werden. Hierbei darauf achten, dass in diesem Fall eventuell weniger Wasser gebraucht wird.

Kartoffel-Rote Bete-Brei

Drei rohe Rote Bete-Knollen waschen, schälen und in kleine Stücke schneiden. In einer Gemüsepfanne 2 Esslöffel Olivenöl mit einem Teelöffel Meerrettich und einem Esslöffel Zitronensaft bei niedriger Temperatur erhitzen, die Rote Bete dazugeben und mit wenig Wasser ablöschen, sodass das Gemüse gerade mal knapp bedeckt ist. Das Gemüse bei niedriger Temperatur dünsten bis es schön weich ist. Anschließend zu den fertigen Kartoffeln aus dem Grundrezept geben und alles miteinander stampfen.

TIPP

Für eine besonders schöne Farbe und einen intensiveren Rote Bete-Geschmack kann vor dem Stampfen etwas Flüssigkeit durch Rote Bete-Direktsaft ersetzt werden.

Die wunderbare Welt der Hülsenfrüchte

Es war einmal ein Glaubenssatz mit dem Titel – „Jedes Böhnchen gibt ein Tönchen" – von dem ich dich hier und heute bitten möchte, dich feierlich zu verabschieden!

Ich bin der Ansicht, dass mit der richtigen Vorbereitung und den richtigen Gewürzen jede Hülsenfrucht so gekocht werden kann, dass da nichts mit Tönchen ist. Und falls doch mal, was soll`s...:-)

In Indien und Pakistan ist Dal, wie ein Gericht aus Hülsenfrüchten genannt wird, ein fester Bestandteil des Speiseplans. Ich habe kaum einen Haushalt in Pakistan kennengelernt, in dem nicht mindestens einmal am Tag ein Dal auf dem Tisch stand. Hülsenfrüchte sind nahrhaft, Hülsenfrüchte machen satt und Hülsenfrüchte sind bezahlbar.

In jeder Art von Dal haben wir die Möglichkeit, nicht nur den tollen Geschmack von gut gewürzten Hülsenfrüchten kennenzulernen, nein, vor allem geben wir ihnen die Chance, sich in all ihrem großartigen Nährstoffgehalt zu zeigen. Ich denke, sie sind dazu da, unseren Körper auf eine ganz und gar köstliche Art und Weise mit wertvollen Vitaminen, Ballaststoffen, Proteinen und pflanzlichen Eiweißen zu versorgen.

Gerade in der vegan/vegetarischen Ernährung sind die in den Hülsenfrüchten enthaltenen Vitamin-B-Komplexe und Proteine ein wichtiger Bestandteil einer vollwertigen Ernährung.

Allerdings ist gerade bei Hülsenfrüchten zumeist eine längere Vorbereitungszeit, sprich Einweich- und Kochzeit zu beachten. Aber es lohnt sich, diese Zeit zu investieren, da keine Bohne oder Linse aus Glas oder Dose so lecker schmeckt wie die von mir zuvor selbst gekochte.

Es gibt einige Linsensorten, das sind zumeist die kleinen Sorten, die ganz ohne Einweichen auskommen. Getrockneten Bohnen wie Kidneybohnen, weiße Bohnen, etc. sollte man jedoch die Einweichzeit auf alle Fälle zukommen lassen.

Eine Alternative wie ich ohne Einweichen zu meinem für mich heute ganz wichtigen Hülsenfrüchte-Gericht komme, manchmal ist das halt so, ist der Schnellkochtopf. Dieser eignet sich hervorragend, um Hülsenfrüchte auch mal ohne Einweichen zu garen. Hierbei ist immer zu beachten, dass die jeweiligen Hülsenfrüchte mit genügend Flüssigkeit angesetzt werden. Grundsätzlich quellen Hülsenfrüchte beim Kochen auf, machen sich die Flüssigkeit zunutze, um sich zu entfalten beziehungsweise zu ihrer wahren Größe zurückzukehren. Daher ist beim Zubereiten von Hülsenfrüchten immer eine ausreichende Menge an Flüssigkeit notwendig – egal, ob zuvor eingeweicht oder nicht.

Mung-Dal

ZUTATEN

300 g grüne Mungbohnen
(über Nacht einweichen)
1 Zwiebel (geht auch ohne)
2 Stangen Sellerie
2 Zehen Knoblauch oder 1 Esslöffel Knoblauch in Öl (geht auch ohne)
1 Stück Ingwer klein gehackt oder
1 Esslöffel Ingwer in Öl
(Öl-Rezepte im Kapitel Basics)
2 Esslöffel Kokosfett oder Sonnenblumenöl oder Ghee
2 Teelöffel Indischer Curry
1 Teelöffel Garam Masala
2 Teelöffel Kreuzkümmel ganz
2 Teelöffel Kreuzkümmel gemahlen
2 Teelöffel Koriandersaat gemahlen
1 Teelöffel Koriandersaat ganz
1 Teelöffel Kurkuma
1 Lorbeerblatt
2 Teelöffel Assafötida
1 l Wasser
2 Esslöffel Zitronensaft
1 Teelöffel Salz
1 Bund frisches Korianderkraut und oder Petersilie

ZUBEREITUNG

› Mungbohnen über Nacht in 2 l Wasser einweichen
› am nächsten Morgen das Wasser abgießen und die Böhnchen erneut mit frischem Wasser bedeckt bis zur Zubereitung stehenlassen
› die Selleriestangen ohne Blattgrün waschen und in Würfelchen schneiden (das Blattgrün kann wunderbar mitgekocht werden, jedoch vor dem Anrichten herausnehmen)
› die Zwiebel von ihrer feinen äußeren Schale befreien und ebenfalls in Würfelchen schneiden
› die Knoblauchzehen und den Ingwer schälen und klein hacken
› in einem Topf bei mittlerer Hitzezufuhr das Fett erhitzen, Zwiebel gemeinsam mit dem Sellerie darin goldbraun braten
› sobald die Zwiebeln ihre Farbe verändert haben, ist es an der Zeit, dass Frau Knoblauch, Herr Ingwer sowie sämtliche Gewürze der Gesellschaft im Kochtopf einen Besuch abstatten, auf dass alle zusammen innerhalb von 3 Minuten unter ständigem Rühren eine „dufte" Verbindung eingehen, bevor das Einweichwasser von den Bohnen abgegossen wird und sich die Hauptzutat Namens Mungbohnen zu der illustren Kochtopfrunde gesellt
› alles zusammen weitere 2 Minuten umrühren, bevor dann frisches Wasser mit deiner Hilfe seinen Weg in den Kochtopf findet
› nun das Dal zum Kochen bringen
› sobald es im Kochtopf fröhlich blubbert, die Temperatur herunterregeln
› um ein hervorragendes Dal zu bekommen, sollten die Mungbohnen ca. 30 – 40 Minuten mit geschlossenem Deckel sanft vor sich hin köcheln dürfen
› während des Kochens ab und zu umrühren und eventuell noch etwas Wasser hinzugeben
› ganz am Schluss, wenn du entschieden hast, dass die Konsistenz genau richtig für dich ist, das Salz und einen Schuss Zitronensaft dazu geben und abschmecken ... mmmmhhhh
› nach all diesen Schritten ist es nun an der Zeit, den frischen Koriander und die frische Petersilie fein zu schneiden, um diese beiden wundervollen Kräuter beim Anrichten auf dem Teller über das Dal zu streuen!

Dazu passt ...
Naturreis, Basmatireis, Brot, Chapati (Pfannenbrot)

TIPP
wer einen Schnellkochtopf zu Hause hat, kann diesen dazu verwenden, die Mungbohnen – auch ohne Einweichen – in ca. 30 Minuten gar zu kochen

Rote Linsen-Dal

ZUTATEN

3 Mohrrüben
300 g rote Linsen
1 Zwiebel
2 Stangen Sellerie
1 Stück Ingwer klein gehackt oder
1 Esslöffel Ingwer in Öl (Rezept im Kapitel Basics)
2 Esslöffel Kokosfett oder Sonnenblumenöl oder Ghee
3 Teelöffel Indischer Curry
2 Teelöffel Kreuzkümmel ganz
2 Teelöffel Kreuzkümmel gemahlen
2 Teelöffel Koriandersaat gemahlen
1 Teelöffel Koriandersaat ganz
2 Teelöffel Kurkuma
1 Lorbeerblatt
1 Teelöffel Assafötida
1 l Wasser
1 Zitrone
2 Esslöffel Zitronensaft
1 Teelöffel Salz
1 Bund frisches Korianderkraut und oder Petersilie

Dazu passt ...

Naturreis, Basmatireis, Brot, Chapati, Hirse

ZUBEREITUNG

› die Selleriestangen ohne Blattgrün waschen und in Würfelchen schneiden (das Blattgrün kann wunderbar mitgekocht werden, jedoch vor dem Anrichten herausnehmen)
› die Zwiebel von ihrer feinen äußeren Schale befreien und ebenfalls in Würfelchen schneiden
› die Mohrrüben waschen, schälen (bei jungen Möhren oder ordentlich gebürsteten Möhren erübrigt sich das Schälen) und mittelfein hobeln
› das Fett auf mittlerer Heizstufe in einem eher breit als hohen Topf erhitzen
› die Möhren, die Zwiebel- und Selleriewürfelchen in den Topf geben
› alles zusammen ca. 5 Minuten andünsten, auf dass die Möhrchen was von ihrer schönen Farbe, auch Beta Carotin genannt, an das Fett abgeben, in dem sie sich gerade tummeln
› alle Gewürze bis auf das Salz dazugeben und ca. 1 Minute gemeinsam mit der Möhren-Zwiebel-Selleriemischung dünsten, dabei öfter umrühren
› sobald die Gewürze ihr Aroma preisgeben, die Linsen unterrühren
› jetzt ist es an der Zeit, das schon bald fertige rote Linsen-Dal mit Wasser abzulöschen
› nun noch den Deckel auf den Topf, kurz aufkochen, Temperatur am Herd herunterschalten, sodass das Dal Zeit hat, in aller Ruhe bei kleiner Hitze vor sich hin zu köcheln
› in der Zwischenzeit die Zitronenschale auf einer Muskat- beziehungsweise Fruchtreibe vorsichtig abreiben, ohne die weiße Schale zu beschädigen, um sie anschließend mit Hilfe einer Saftpresse zu entsaften
› sobald die Linsen nach ca. 20 Minuten aufgegangen sind, keinen Biss mehr haben und eine, an bunten Brei erinnernde Konsistenz aufweisen, kann das dufte Dal gesalzen werden
› last but not least den Zitronenabrieb und etwas Zitronensaft dazugeben
› frische Kräuter klein schneiden, die Hälfte vor dem Anrichten in das Dal geben
› mit den restlichen frischen Kräutern das Dal auf dem Teller anrichten

Viel Freude beim Kochen!

TIPP

- statt Wasser kannst du auch Kokosmilch mit Wasser zu gleichen Teilen mischen und dies als Flüssigkeit nehmen
- anstelle von roten Linsen kannst du diese auch zu gleichen Teilen mit gelben Linsen mischen

Chana Dal (halbe geschälte Kicherbsen)

ZUTATEN

300 g Chana Dal (über Nacht einweichen)
2 Esslöffel Ghee oder Kokosöl
1 Teelöffel Senfsaat
1 Teelöffel Koriandersaat ganz
1 Teelöffel Fenchelsaat ganz
2 Teelöffel Kreuzkümmel ganz
2 Schoten Kardamom
3 Teelöffel indischer Curry
2 Teelöffel Kurkuma
1 Teelöffel Assafötida
1 Esslöffel Rosinen
1 Esslöffel Ingweröl (Rezept unter Basics)
1 Dose Kokosmilch
1 Liter Wasser
1 Teelöffel Salz
etwas frischer Pfeffer
1 Bund frischer Koriander

Dazu passt ...

Naturreis, Basmatireis, Chapati (Pfannenbrot)

ZUBEREITUNG

› das Chana Dal über Nacht einweichen, das Wasser am nächsten Morgen wechseln, erneut bis zu seiner Verarbeitung einweichen
› in einem flachen Topf das Fett bei mittlerer Temperatur erhitzen, die Senfsaaten dazugeben und diese rösten, bis sie anfangen im Topf zu hüpfen
› alle anderen Saaten mitsamt den Kardamomschoten dazugeben und 2 Minuten mitrösten
› die gemahlenen Gewürze ebenfalls ganz kurz mitrösten
› mit der Kokosmilch und dem Wasser ablöschen
› das Einweichwasser vom Chana Dal abgießen
› gemeinsam mit dem Ingweröl und den Rosinen in den Topf geben
› das Dal zum Kochen bringen, die Temperatur herunterschalten, sodass das Dal ca. 40 Minuten vor sich hinköcheln kann
› eventuell Wasser nachgießen
› wenn die Kichererbsen gar sind, das Dal mit Salz und Pfeffer abschmecken und mit frischem Grün bestreut servieren!

Viel Freude bei der Zubereitung!

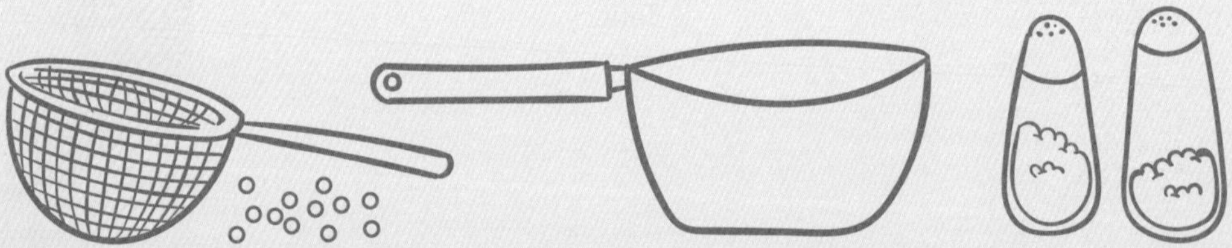

Schwäbischer Linseneintopf (Schwäbisches Dal)

ZUTATEN

300 g braune Linsen
4 Esslöffel Öl
1 Zwiebel
1 kleine Knolle Sellerie
1 Petersilienwurzel
1 Pastinake
4 Möhren
2 Kartoffeln
1 Prise Muskat
1 Teelöffel Pfeffer
1 Liter Wasser
1 Bund Petersilie
2 Teelöffel gemischte Gartenkräuter
Zum Würzen
etwas Salz, Pfeffer, 4 Esslöffel Obst- oder Rotweinessig

Dazu passt ...

ganz wunderbar Spätzle, frisch gemacht oder auch aus der Kühltheke im Bioladen, gibt es inzwischen sogar vegan!

ZUBEREITUNG

› die Linsen über Nacht einweichen, das Wasser am nächsten Morgen wechseln, erneut bis zu ihrer Verarbeitung einweichen
› Zwiebel würfeln
› das Wurzelgemüse (Sellerie, Möhren, Pastinake, Petersilienwurzel) waschen, schälen und klein würfeln, dann beiseite stellen
› Kartoffeln schälen und grob reiben
› in einem Topf (lieber breit als hoch) die Zwiebel in dem Öl glasig dünsten
› das Wurzelgemüse dazugeben und kurz mitdünsten
› die Linsen abgießen und ebenfalls dazugeben
› das Ganze mit dem Wasser aufgießen
› etwas Pfeffer, eine Prise Muskat, 2 Teelöffel Gartenkräuter dazugeben
› den Eintopf zum Kochen bringen, auf kleine Temperatur herunterschalten und 30 Minuten köcheln lassen
› nach 10 Minuten die geriebene Kartoffel dazugeben
› wenn die Linsen gar sind, mit etwas Salz und dem Essig abschmecken
› vor dem Anrichten die frische Petersilie dazu (etwas übrig lassen zum Dekorieren der Teller)

Kichererbsenpfanne

ZUTATEN

200 g Kichererbsen
2 Zwiebeln
5 Zehen Knoblauch
2 rote Chilischoten
1 Glas Tomatenmark
8 Esslöffel Olivenöl
1 Teelöffel Salz
6 Stengel Minze
10 Stängel Petersilie

ZUBEREITUNG

› die Kichererbsen über Nacht einweichen, das Wasser am nächsten Morgen wechseln, erneut bis zu ihrer Verarbeitung einweichen
› die Kichererbsen dann in einem Kochtopf mit reichlich Wasser zum Kochen bringen, den Herd herunterschalten und ca. 1 Stunde vor sich hin köcheln lassen. Das Kochwasser abgießen und die Kichererbsen zur Seite stellen
› die Zwiebeln von ihrer Haut befreien und in Würfelchen schneiden
› den Knoblauch schälen, in feine Scheiben schneiden
› das Olivenöl in einer Bratpfanne erhitzen (nicht bei voller Hitzezufuhr, sondern eher etwas darunter)
› die Zwiebeln dazugeben, diese leicht bräunen, dann den Knoblauch mit in die Pfanne geben und alles zusammen ca. 3 Minuten weiter braten
› die Chilischoten vom Kerngehäuse befreien und fein hacken (wer es gerne etwas schärfer mag, darf die Anzahl der Chilis nach Belieben erhöhen)
› die Minzeblättchen von den Stängeln zupfen und fein hacken
› nun dürfen sich die Chilischoten, das Salz, die Minzeblättchen und das Tomatenmark zu Knoblauch und Zwiebeln gesellen, um ihre unterschiedlichen Geschmacksnoten miteinander zu vereinen, das dauert ca. 5 Minuten. Hierbei ist darauf zu achten, dass sich wirklich sehr viel Öl in der Masse befindet ... je öliger, um so leckerer
› nachdem sich in der Pfanne eine duftende rote Gesellschaft befindet, ist es an der Zeit, dass sich Königin Kichererbse die Ehre gibt und ihre Gefolgschaft zum Tanz in der Pfanne auffordert
› dieser Tanz dauert ca. 10 Minuten, dann ist es an der Zeit, dass die Königin samt ihrer Geschmacksträger*Innen zu Tische gebracht werden, um sich, dekoriert von ganz viel Petersilie, ihrer weiteren Bestimmung hinzugeben

Viel Freude bei der Zubereitung!

Kichererbsen-Spinat-Masala

ZUTATEN

400 g Kichererbsen
400 g frische Spinatblätter
200 ml heißes Wasser
2 Tomaten
2 Zwiebeln
5 Esslöffel Sonnenblumenöl
2 Kardamomkapseln
1 Zimtstange
2 Teelöffel Kreuzkümmel ganz
1 dickes Stück Ingwer (ca. 1 kleiner Finger lang)
2 Zehen Knoblauch
1 1/2 Teelöffel Salz
2 Teelöffel Kurkuma
2 Teelöffel frischgemahlener Kreuzkümmel
1 Teelöffel Chilipulver
2 Teelöffel Garam Masala
200 ml Wasser

Dazu passt ...
optisch und sättigend versteht sich dieses schöne Essen ganz wunderbar mit Safran Reis und Rote Bete-Salat

ZUBEREITUNG

› die Kichererbsen einweichen, um diese am darauf folgenden Tag in einem Topf mit reichlich Wasser ca. eine Stunde gar zu kochen. Das Kochwasser abgießen und die Kichererbsen zunächst auf die Seite stellen
› die Spinatblätter im Wasserbad gründlich waschen, in einen Wok legen, mit 200 ml heißem Wasser übergießen, zugedeckt den Spinat zum Kochen bringen, die Temperatur runterschalten, den Spinat auf kleiner Flamme ca. 10 Minuten köcheln lassen, das Wasser abgießen, den Spinat fein hacken und auf die Seite stellen
› die Tomaten in Würfel schneiden und zur Seite stellen
› die Zwiebeln von ihrer äußeren Schale befreien und in Würfelchen schneiden
› in dem Wok das Öl erhitzen, die Kardamomkapseln, die Zimstange und den Kreuzkümmel ca. eine halbe Minute darin schwenken
› die Zwiebelwürfelchen dazugeben und alles zusammen ca. 10 Minuten bei mittlerer Hitze goldbraun anbraten
› den Ingwer und die Knoblauchzehen in feine Streifen hobeln (hierfür kannst du eine Parmesan-Reibe zweckentfremden) und gemeinsam mit den gewürfelten Tomaten unter die goldbraune Zwiebelmischung geben
› alles gut miteinander vermengen, bei kleiner Hitze zugedeckt ca. 15 Minuten einkochen
› nun kommen sämtliche anderen Gewürze hinzu und die nächsten 2 Minuten bist du damit beschäftigt, diese unter ständigem Rühren miteinander bekannt zu machen, bevor die gekochten Kichererbsen im Wok ihren Platz einnehmen dürfen
› die Kichererbsen-Gewürzparty darf nun mit Wasser abgelöscht werden, um dann weitere 20 Minuten auf kleiner Flamme und zugedeckt zu köcheln
› wenn du danach den Deckel anhebst, haben sich die Kichererbsen mit den Gewürzen, dem Wasser und den Tomaten zu einer wunderschönen Gemüsepfanne verbunden
› falls du dich bereits gefragt hast, was mit dem Spinat passieren soll, so ist es nun an der Zeit, dass der Spinat sich mit deiner Hilfe unter die Horde kichernder Erbsen und ihrer Freunde mischen darf; alles zusammen noch einmal aufkochen

Falafel

ZUTATEN (für ca. 15 Bällchen)

200 g Kichererbsen
2 Stangen Porree
2 Zehen Knoblauch
1 Zitrone
1Teelöffel Koriandersaat ganz
2 Teelöffel Koriandersaat frisch gemahlen
1 Teelöffel Kreuzkümmel ganz
2 Teelöffel Kreuzkümmel gemahlen
1 Bund Petersilie
1 Päckchen Weinstein-Backpulver
Brat-Olivenöl zum Ausbraten

Dazu passt ...

ganz wunderbar ein mit Minze, Tahin und frischem Knoblauch gewürzter (Soja-) Joghurt oder würziger Tzatziki, gebratene Auberginen- oder Zucchinischeiben oder Taboule (das Rezept findest du in dem Kapitel Beilagen)

ZUBEREITUNG

› die Kichererbsen in viel Wasser (mindestens die doppelte Menge) über Nacht oder mindestens 12 Stunden einweichen
› am Tag der Zubereitung das Wasser abgießen und die Kichererbsen noch einmal gründlich waschen
› den Porree von seinem Strunk befreien, alles abschneiden, was deiner Qualitätskontrolle nicht standhält, gründlich waschen und anschließend in Stücke schneiden
› die Knoblauchzehen häuten
› mit Hilfe einer Reibe geriebene Zitronenschale herstellen, anschließend die Zitrone entsaften
› nun ist es am besten, wenn die Kichererbsen, der Porree, die Knoblauchzehen und die Petersilie durch einen Fleischwolf gedreht werden. Falls ihr keinen Fleischwolf im Hause haben solltet, so gebt – bis auf die getrockneten Gewürze – alle Zutaten in ein hohes Gefäß und püriert mit Hilfe eines Zauberstabs alles gründlich fein
› danach die Masse in eine Schüssel geben, die Gewürze, den Zitronenabrieb und das Backpulver zugeben und alles zusammen gut durchkneten, um anschließend tischtennisballgroße Kugeln daraus zu formen
› das Öl (je mehr Öl umso besser) in eine Pfanne gießen und die Bällchen darin goldig braun ausbraten

Viel Freude beim Kochen!

Aufstriche - viel mehr als nur Streich(el)einheiten für eine feine Stulle

Rote Bete-Aufstrich

ZUTATEN

4 Knollen gekochte und geschälte Rote Bete
100 g geröstete und gemahlene Sonnenblumenkerne
2 Esslöffel Olivenöl
3 Teelöffel Meerrettich aus dem Glas
1 Teelöffel Salz
2 Teelöffel Zitronensaft

ZUBEREITUNG

› Rote Bete in kleine Würfelchen schneiden, mit Olivenöl, Meerrettich, Salz und Zitronensaft in ein hohes Gefäß geben und fein pürieren
› die Sonnenblumenkerne trocken rösten, mahlen und unter die rote Masse heben
› den Aufstrich in Schraubgläser füllen und ca. 1 Stunde von den Strapazen des Pürierens ausruhen lassen

Die Aufstriche halten im Kühlschrank circa eine Woche. Du kannst sie länger als eine Woche haltbar machen, wenn du die Gläser nach dem Abfüllen für circa 20 Minuten bei 70 Grad im Wasserbad (ca. 2–3 cm hoch) in den Backofen stellst.

Tomatenaufstrich

ZUTATEN

1 Glas in Öl eingelegte Tomaten
100 g Tomaten-Paprika Mark (Rapunzel)
3 Esslöffel Cashewmus
1 Esslöffel Bärlauch-Pesto (Rezept im Kapitel Basics)
1 Esslöffel Scharfmacher Gewürz
1 Esslöffel Kräuter der Provence
5 Stängel frisches Basilikum
1 Handvoll frischer Thymian
1 Teelöffel Salz

ZUBEREITUNG

› zunächst Tomaten samt Öl in ein hohes Gefäß oder eine große Schüssel geben
› anschließend die Tomaten mit einem Löffel aus dem Öl fischen, klein hacken und dem Öl zurückgeben
› alle anderen Zutaten auf einen Besuch bei den Tomaten einladen
› sobald sämtliche Zutaten eingetroffen sind, die ganze mediterrane Gesellschaft mit einem Zauberstab pürieren, bis eine cremige Konsistenz entsteht (eventuell noch Cashewmus oder, falls das Mus zu dick ist, Olivenöl dazugeben)
› mit Salz und frisch gemahlenem Pfeffer abschmecken
› den fertigen Aufstrich in Schraubgläser füllen und ca. 1 Stunde von den Strapazen des „Zauberstabtanzes" ausruhen lassen

Kürbisaufstrich

ZUTATEN

1 Hokkaido Kürbis (ca. 500 g)
1 Süßkartoffel
50 g Kokosöl
150 ml Wasser
50 g frischen Ingwer
1 Teelöffel Kurkuma
1 Teelöffel Curry
1 Teelöffel Salz
100 g Cashewkerne geröstet und gemahlen

ZUBEREITUNG

- den Kürbis vierteln, das Kerngehäuse mit einem Löffel herauslösen und die Kerne separat rösten, um sie zu knabbern
- die Süßkartoffel schälen
- den Kürbis und die Süßkartoffel in Würfel schneiden
- in einer Gemüsepfanne das Kokosöl erhitzen, das Gemüse dazugeben und alles zusammen anbraten
- den Ingwer klein schneiden und zusammen mit den Gewürzen ca. 2 Minuten in dem Gemüse braten
- dann mit Wasser ablöschen, das Gemüse soll nur knapp mit Wasser bedeckt sein, und sofort einen Deckel draufsetzen
- die Mischung ca. 20 Minuten auf kleiner Flamme köcheln lassen
- sobald das Gemüse gar ist, alles in ein hohes Gefäß (Schüssel) geben und mit einem Zauberstab zu einem Brei pürieren
- am Schluss die gemahlenen Cashewkerne hineingeben, pürieren und noch warm in Schraubgläser füllen

Möhrenaufstrich

ZUTATEN

500 g Möhrchen
1 Süßkartoffel
50 g Kokosöl
150 ml Wasser
50 g frischen Ingwer
1 Teelöffel Kurkuma
1 Teelöffel Curry
1 Teelöffel Salz
100 g Sonnenblumenkerne geröstet und gemahlen

ZUBEREITUNG

- die Möhrchen gut mit einer Gemüsebürste abschrubben und würfeln
- die Süßkartoffel schälen und ebenfalls in Würfel schneiden
- in einer Gemüsepfanne das Kokosöl erhitzen, das Gemüse dazugeben und alles zusammen anbraten
- den Ingwer klein schneiden und zusammen mit den Gewürzen ca. 2 Minuten in dem Gemüse braten
- dann mit Wasser ablöschen, das Gemüse soll nur knapp mit Wasser bedeckt sein, und sofort einen Deckel draufsetzen
- die feine Mischung ca. 20 Minuten auf kleiner Flamme köcheln lassen
- sobald das Gemüse gar ist, alles in ein hohes Gefäß (Schüssel) geben und mit einem Zauberstab zu einem Brei pürieren
- am Schluss die gemahlenen Sonnenblumenkerne hineingeben, pürieren und noch warm in Schraubgläser füllen

Rote Linsen-Aufstrich

ZUTATEN

100 g Kokosmus
3 Frühlingszwiebeln oder 1 Zwiebel
3 Knoblauchzehen
2 Esslöffel Kokosöl
2 Teelöffel Curry indisch
1 Teelöffel Kreuzkümmel ganz
1 Teelöffel Schwarzkümmel ganz
1 Teelöffel Koriander ganz
1 Teelöffel Kurkuma (oder selbstgemacht Kurkuma in Öl)
200 g rote Linsen
ca. 400 ml Wasser
etwas Salz
100 g Sonnenblumenkerne geröstet und gemahlen

ZUBEREITUNG

› das Kokosmus-Glas in ein Warmwasserbad stellen
› den Kreuzkümmel, Schwarzkümmel und Koriander mahlen, dazu alle 3 Gewürz-Saaten in den Mörser geben und zusammen zermahlen (lecker!)
› die Frühlingszwiebeln (oder die Zwiebel) und den Knoblauch schälen und fein hacken
› das Kokosöl in einer Gemüsepfanne auf kleiner Flamme erhitzen
› die Zwiebel-Knoblauch Mischung leicht anbraten
› die Gewürze (bis auf Salz) dazugeben und kurz mitbraten, sodass sich ihr Duft in der Pfanne entfalten kann
› mit dem Wasser ablöschen
› die Linsen waschen und ab damit zu den duftenden Gewürzen in die Pfanne, um das Ganze ca. 20 Minuten vor sich hin köcheln zu lassen
› sobald die Linsen gar sind, Salz und das Kokosmus einrühren
› alles zusammen in ein hohes Gefäß (Schüssel) geben und mit einem Zauberstab zu einem Brei pürieren
› am Schluss die gemahlenen Sonnenblumenkerne kurz pürieren und noch warm in Schraubgläser füllen

Chana Dal (halbe geschälte Kichererbsen) Aufstrich

ZUTATEN

200 g Chana Dal
100 g Kokosmus
3 Frühlingszwiebeln oder 1 Zwiebel
3 Knoblauchzehen
2 Esslöffel Kokosöl
2 Teelöffel Curry indisch
2 Teelöffel Kreuzkümmel ganz
2 Teelöffel Schwarzkümmel ganz
2 Teelöffel Koriander ganz
1 Teelöffel Kurkuma (oder selbstgemacht Kurkuma in Öl)
ca. 400 ml Wasser
etwas Salz
100 g Sonnenblumenkerne geröstet und gemahlen

ZUBEREITUNG

› das Chana Dal über Nacht einweichen, das Wasser am nächsten Morgen wechseln, erneut bis zu seiner Verarbeitung einweichen
› das Kokosmus-Glas in ein Warmwasserbad stellen
› den Kreuzkümmel, Schwarzkümmel und Koriander mahlen, dazu alle 3 Gewürz-Saaten in den Mörser geben und zusammen zermahlen (lecker!)
› die Frühlingszwiebeln, beziehungsweise die Zwiebel und den Knoblauch fein hacken
› das Kokosöl in einer Gemüsepfanne auf kleiner Flamme erhitzen
› die Zwiebel-Knoblauch Mischung etwas anbraten
› die Gewürze (bis auf Salz) dazugeben und kurz mitbraten, sodass sich ihr Duft in der Pfanne entfalten kann
› mit dem Wasser ablöschen
› das Einweichwasser des Chana Dal abgießen und die halben Kichererbsen zu den duftenden Gewürzen in die Pfanne schicken, um das Ganze ca. 30 Minuten köcheln zu lassen
› sobald die Erbsen gar sind, Salz und das Kokosmus einrühren
› alles zusammen in ein hohes Gefäß (Schüssel) geben und mit einem Zauberstab zu einem Brei pürieren
› am Schluss die gemahlenen Sonnenblumenkerne kurz pürieren und noch warm in Schraubgläser füllen

Salate und Suppen - Leckeres vorweg

Rote Bete-Apfel-Salat

ZUTATEN
1 kg gekochte und geschälte Rote Bete-Knollen
3 große Äpfel
250 g Sojajoghurt, saure Sahne oder klassischer Joghurt
4 Teelöffel Meerrettich (ungeschwefelt)
4 Esslöffel Zitronensaft
1 Teelöffel Salz

zur Deko und für das „gewisse Etwas" trocken (ohne Fett) geröstete Sonnenblumen- und/oder Kürbiskerne

ZUBEREITUNG

› Joghurt oder saure Sahne in einer Schüssel gemeinsam mit Meerrettich, Zitronensaft und Salz glatt rühren
› das Dressing 20 Minuten ziehen lassen damit die Zutaten etwas Zeit haben, sich kennen zu lernen
› während die Zutaten des Dressings damit beschäftigt sind, ihre Freundschaft zu vertiefen, solltest du die Zeit nutzen, um die Äpfel zu vierteln und anschließend vom Kerngehäuse zu befreien
› danach kannst du die wunderschönen, roten Knollen gemeinsam mit den vorbereiteten Äpfeln entweder manuell mit einer Reibe oder, wenn vorhanden, mit der Küchenmaschine raspeln
› die Apfel- und Rote Bete-Schnipsel unter das Dressing heben, abschmecken, und das fertige Werk mit den gerösteten Saaten in einer schönen Schüssel deiner Wahl anrichten!

TIPP

Versuche wirklich immer, frische Knollen oder die aus deinem Tiefkühlfach zu nehmen. Die vorgekochten und verpackten Knollen aus dem Kühlregal im Laden schmecken einfach nicht und sind zudem oft viel zu weich gekocht.

Eine Notfall-Variante, wenn dir der Sinn nach Rote Bete-Salat steht und es keine anderen gibt, dann möchte ich dir wenigstens die samenfesten Demeter-Knollen aus dem Bioladen ans Herz legen. Diese sind zwar etwas teurer, aber dafür nicht so weich gekocht, und ihre schöne Farbe haben diese Knollen ebenfalls behalten.

Taboule – nicht nur mit Falafel-Bällchen eine feine Beilage

ZUTATEN für den Gemüsefond

3 Stangen Sellerie
1 kleine Paprika
1 Stange Lauch
2 Möhren
3 Stängel Petersilie
1 Knoblauchzehe

ZUBEREITUNG Gemüsefond

› sämtliches Gemüse von unliebsamen Stellen befreien und waschen
› das Gemüse klein schneiden und zusammen mit den Gewürzen in einem Topf deiner Wahl mit kaltem Wasser auf dem Herd zum Kochen bringen
› die Temperatur herunterschalten und den Gemüsefond 1 Stunde vor sich hin köcheln lassen, schneller geht es (nur 1/2 Stunde), wenn du einen Schnellkochtopf zum Einsatz bringst
› am Ende der Kochzeit den fertigen Fond durch ein Sieb in einen Messbecher gießen, um zu sehen, dass nach dem Kochen wirklich 250 ml vom Fond vorhanden sind. Wenn nicht, noch etwas Wasser nachgießen

ZUTATEN für den Dinkel-Bulgur

100 g Dinkel-Bulgur
250 ml Gemüsefond
2 Lorbeerblätter
1/2 Sternanis
1/2 Zimtstange
1 Prise frisch geriebenes Muskatnuss
2 Piment Körner
1 Nelke
1/2 Teelöffel Salz

ZUBEREITUNG Dinkel-Bulgur

› den Gemüsefond in einem Kochtopf zum Kochen bringen, sämtliche Gewürze dazugeben, die Temperatur herunterschalten und ca. 10 Minuten köcheln lassen
› anschließend den Bulgur in den Gewürzfond geben und den Herd ausschalten. Wenn du einen Elektroherd hast, so kann der Bulgur auf der heißen Herdplatte stehen bleiben. Bei einem Gasherd empfehle ich dir, ein Handtuch um den Topf zu wickeln und den Bulgur für ca. eine halbe Stunde unter deine Bettdecke zu packen
› sobald der Bulgur sämtliche Flüssigkeit aufgesaugt hat und noch einen leichten Biss hat, aber nicht mehr hart ist, ist der Zeitpunkt gekommen, den fertigen Bulgur zum Auskühlen auf einem Backblech zu verteilen und die Gewürze wie Zimtstange und Co. herauszunehmen. Es ist wichtig, dass das Getreide abgekühlt ist, wenn du den Salat fertig machst!

ZUTATEN für den Salat
1 Bund Petersilie
8 Blätter Pfefferminz
1/2 Schalotte
Kerne von 1/2 Granatapfel
10 Kirschtomaten
3 Teelöffel frischer Zitronensaft
4 Esslöffel kaltgepresstes Olivenöl
1 Prise Salz

Dazu passt ...
Falafel-Bällchen mit etwas Humus, Oliven und fermentiertem Gemüse ergibt es ein ausgesprochen leckeres und nährendes Essen

ZUBEREITUNG Taboule

› während der Bulgur seiner geschmacklichen Vollkommenheit entgegenstrebt, kannst du in aller Seelenruhe die restlichen Zutaten vorbereiten
› da wäre zum Beispiel der Granatapfel, dessen hübsche roten Kerne gerne von dir aus ihrem Kerngehäuse herausgeholt werden wollen
› oder Frau Tomate und das Schalottchen, die sich bereits darauf freuen, von dir in winzig kleine Würfelchen geschnitten zu werden
› dann sind da noch das Petrasilchen und die feinen Minzblättchen, die sich auf Zuwendung freuen. Diese wollen gewaschen werden, um danach auf einem Schneidebrett – mithilfe eines scharfen Messers – zu ganz feinen Streifen umgestaltet zu werden. Hierbei werden nur die ganz dicken Stiele bei Frau Petersilie entfernt, bei der Minze jedoch alle Stiele
› wenn nun der Bulgur abgekühlt ist, Obst, Gemüse und Kräuter vorbereitet sind, treffen sich alle Zutaten in einer Schüssel, um mit Olivenöl, Salz und Zitronensaft zum krönenden Abschluss zu gelangen

Hummus

Hummus ist im Orient eine gern gegessene Beilage aus der, zusammen mit gebratenem Gemüse und hausgebackenem, weißem Dinkelbaguette, ganz schnell eine Hauptspeise wird. In Israel isst man zu Hummus sehr gerne gebratene Champignons und als Beilage eingelegtes, fermentiertes Gemüse.

ZUTATEN

50 g getrocknete Kichererbsen
1 Zitrone
200 g weißes Tahin (Sesammus)
2 Teelöffel Kreuzkümmel
1 Teelöffel Knoblauchöl (nach Belieben)
1/2 Teelöffel Salz
eine Prise frisch gemahlener Pfeffer

ZUTATEN für das fertige Hummus

gutes Olivenöl zum darüber träufeln
etwas rotes Paprikapulver
zum Anrichten

ZUBEREITUNG

› die Kichererbsen über Nacht in reichlich Wasser einweichen, am Tag der Verarbeitung das Wasser, in denen die Kichererbsen eingeweicht sind, abgießen, die Kichererbsen waschen und entweder in einem Topf mit doppelter Menge Wasser zum Kochen bringen, den Herd herunter schalten und ca. 1 Stunde köcheln lassen oder in einem Schnellkochtopf mit der doppelten Menge Wasser ca. 1/2 Stunde kochen
› die Zitrone entsaften
› wenn die Kichererbsen weich sind, das noch verbliebene Kochwasser abgießen
› die weichen Kichererbsen zusammen mit Tahin, Kreuzkümmel, Knoblauchöl, Zitronensaft, Pfeffer und Salz mit Hilfe eines Zauberstabs fein pürieren
› danach darfst du das Hummus gerne abschmecken, bevor es in einer flachen Schüssel mit Olivenöl und Paprika angerichtet wird

Raita – Indischer Gurkensalat

ZUTATEN

2 Salatgurken
250 g Joghurt 3,8 %, Sojajoghurt oder Kokosjoghurt
1 Teelöffel Koriandersamen frisch gemahlen oder gemörsert
1 Teelöffel Kreuzkümmel frisch gemahlen oder gemörsert
1/2 Teelöffel Salz

ZUBEREITUNG

› an den Gurken die Enden abschneiden und diese ungeschält entweder mit einem Gurkenhobel oder mit Hilfe einer Küchenmaschine nicht zu fein hobeln
› die Gurkenschnipsel leicht salzen und zur Seite stellen, damit das Salz etwas Wasser aus den Gurken ziehen kann
› in einer zweiten Schüssel den Joghurt mit den Gewürzen gut verrühren und ca. eine halbe Stunde auf die Seite stellen, damit der Joghurt und die Gewürze Zeit haben, sich zu verbinden
› nach Ablauf der halben Stunde die Gurken in ein Sieb geben, gut ausdrücken und dabei das Gurkenwasser in einem Glas auffangen, um es zu trinken
› die Gurken mit dem Joghurt vermengen und erneut eine halbe Stunde stehen lassen
› nachdem alles zusammen gut durchgezogen ist, abschmecken, in eine Salatschüssel geben und mit Minzblättchen dekorieren

VARIANTEN

· etwas frische Minze klein schneiden und untermischen – wunderbar erfrischend
· etwas frisches Korianderkraut klein schneiden und untermengen – wunderbar exotisch
· ein Stück Ingwer fein reiben oder in etwas Gurkenwasser fein pürieren und unter den Joghurt heben – Thailand war noch nie so nah
· zwei Knoblauchzehen fein reiben oder in etwas Gurkenwasser fein pürieren und unter den Joghurt heben – auf geht es in Richtung Griechenland
· grüne und rote Chillischoten von Kernen befreien, ganz klein hacken und unter den Joghurt heben – was für eine Freude für den Stoffwechsel
· oder alle vier Varianten mit der Basis vermengen und gerne die Geschmacksexplosion mit einem frischen Pfannenbrot oder einer Schale Basmatireis genießen!

Kartoffelsalat à la Anita – auf geht's zum perfekten Picknick

ZUTATEN

6 Kartoffeln (vorwiegend festkochend)
2 Esslöffel Sonnenblumenöl
2 Zucchini
2 Paprika
2 Zwiebel
jeweils eine Prise Paprika und Indischer Curry
500 g Tomaten
2 Esslöffel Balsamicodressing
1 Eichblattsalat
Kräuter, frisch oder getrocknet zum Anrichten

ZUBEREITUNG

- das Gemüse waschen
- die Kartoffeln schälen, abwaschen und in Würfel schneiden
- das Sonnenblumenöl in der Pfanne auf der zweithöchsten Stufe erhitzen
- sobald das Öl heiß ist, die Kartoffeln dazugeben und anbraten
- die Zucchini, die Paprika und die Zwiebeln ebenfalls würfeln, diese kurz vor dem Ende der Garzeit zu den Kartoffeln geben und ca. 5 Minuten mitbraten
- die Herdplatte ausschalten
- die Gewürze über das Gemüse streuen, kurz darin wenden, dann das Gemüse in eine Schüssel geben
- die Tomaten klein schneiden und ebenfalls mit in die Schüssel geben
- das Ganze mit Balsamicodressing übergießen, mischen und eventuell etwas nachsalzen
- den Eichblattsalat von braunen Stellen befreien und vom Kopfende her in Streifen schneiden, falls nötig waschen und schleudern
- auf dem Teller einen Kreis aus grünem Salat legen
- in die Mitte die Gemüsemischung geben
- mit Kräutern dekorieren und servieren

Viel Freude bei der Zubereitung!

Ich finde es immer etwas schade, wenn grüner Salat auf dem Teller untergeht. Gerade bei warmen Salaten verändert er schnell seine Form und Farbe. Deshalb finde ich diese Art der Salatzubereitung ganz wunderbar, da ich beim Essen noch ganz und gar in den Genuss all seiner Geschmacks- und Farbenpracht komme.

Schwäbischer Kartoffelsalat – meine Mama lässt grüßen

Ein Sonntagsbraten, ein Fleischküchle ohne Kartoffelsalat, ist auf der schwäbischen Alb undenkbar. Selbst zu Spätzle in der Brühe oder Maultaschen in der Gemüsebrühe wird auf der schwäbischen Alb Kartoffelsalat gegessen. Dies sind in erster Linie Fleischgerichte, aber ich habe festgestellt, dass ein guter schwäbischer Kartoffelsalat durchaus seine Vorzüge in der vegan/vegetarischen Welt hat. Zum Beispiel als Beilage zu Dinkelbratlingen oder zu vegetarischen Maultaschen. Spätzle gibt es inzwischen vegan zu kaufen, insofern steht dem Nationalgericht Spätzle in der Gemüsebrühe und dazu Schwäbischer Kartoffelsalat nichts im Weg.

Bei einem schwäbischen Kartoffelsalat ist die Kartoffelsorte für das Gelingen maßgeblich entscheidend. Von meiner Schwiegermutter habe ich gelernt, dass sich die Sieglinde wunderbar eignet, um den Kartoffelsalat schön „schlotzig" (schwäbisches Wort für die richtige Konsistenz) zu bekommen. Sollte es mal keine Sieglinde geben, so sollten die Kartoffeln auf alle Fälle festkochend sein.

ZUTATEN

1 kg Kartoffeln, festkochend
4 Teelöffel Salz für das Kochwasser
2 kleine Gemüsezwiebeln, ca. 100 g
400 – 500 ml kräftige Gemüsebrühe
4 Esslöffel Weißweinessig
2 Teelöffel Salz (ca. 8 g)
1 Prise Pfeffer frisch gemahlen
1 Prise Muskatnuss
8 Esslöffel Sonnenblumenöl
1 Bund Schnittlauch (TK oder getrocknet)

ZUBEREITUNG

› die in etwa gleich großen Kartoffeln in Salzwasser ca. 20 – 25 Minuten kochen, beim Reinpieksen sollten sie fest, aber auf keinen Fall hart sein und schon gar nicht zerfallen
› nach dem Abgießen mit kaltem Wasser abschrecken und auf die Seite legen
› sobald die Kartoffeln etwas abgekühlt sind, die Pelle vorsichtig abziehen, auf keinen Fall abschneiden, höchstens noch abschaben
› dann die Kartoffeln mit Hilfe einer 5-Klingen-Reibe hobeln oder in ganz feine Scheiben schneiden
› anschließend die Zwiebeln ganz ganz fein schneiden und in der Gemüsebrühe ca. 5 Minuten kochen
› die noch warme Gemüsebrühe mitsamt den Zwiebeln über die Kartoffeln geben
› mit Salz, Pfeffer, Muskat und Essig würzen und alles miteinander vermengen
› danach dürfen sich Kartoffeln und Gewürze in aller Ruhe kennenlernen und miteinander verbinden
› nach ca. 2 Stunden darf sich das Öl dazu gesellen, auf keinen Fall früher, denn es würde den Prozess des Kennenlernens durch seine Präsenz unterbinden
› nun noch den Schnittlauch klein schneiden und über den Salat streuen. Fertig!

SUPPEN – WÄRMEND UND VOLLER LIEBE FÜR DEIN BÄUCHLEIN

Wer sich mit der Hildegard von Bingen-Küche näher beschäftigt, kommt nicht umhin, auch einfachere wohltuende Gerichte in seinen Speiseplan zu integrieren. Eine Suppe ist oft genau die Speise, die nach oder vor einem anstrengenden Arbeitstag, einem wichtigen Gespräch so richtig gut tut. Suppen beleben Körper Geist und Seele auf eine liebevolle und wärmende Weise mit neuen Energien. Auch hier hat die Hildegard-Küche eine Dinkel-Suppe, die einfach und schnell zubereitet ist.

Dinkelgrießsuppe

ZUTATEN

1 Zwiebel
3 Teelöffel Ghee, Margarine oder Kokosfett
4 Esslöffel Dinkelgrieß
1 Liter kaltes Wasser
2 Prisen Muskat
1 Prise Galgant
1 Prise Bertram
1 Teelöffel Salz (oder 2 Teelöffel Gemüsebrühe z.B. von Naturata)
1 Bund Petersilie

TIPP

Wer es etwas gehaltvoller haben möchte, kann noch geraspeltes Wurzelgemüse, Möhren, Pastinaken oder Petersilienwurzel mitkochen.

ZUBEREITUNG

› die Zwiebel in kleine Würfel schneiden und in dem Fett etwas anbraten
› mit dem kalten Wasser ablöschen und sofort den Dinkelgrieß mit einem Schneebesen einrühren
› die Gewürze dazugeben und die Suppe unter ständigem Rühren zum Kochen bringen
› sobald sie anfängt zu kochen, den Elektroherd ausschalten und die Suppe auf der erkaltenden Platte unter Rühren etwas einkochen lassen
› bei einem Gasherd auf kleinster Flamme noch ca. 5 Minuten unter Rühren köcheln lassen
› am Schluss die Petersilie einstreuen, und fertig ist diese einfache, aber sehr wohltuende Suppe

Rote Bete-Süßkartoffel-Kokoscreme-Suppe

ZUTATEN

500 g rohe Rote Bete
500 g Süßkartoffeln
2 Möhren
2 Knoblauchzehen (ungeschält)
3 Esslöffel Olivenöl
1 Zwiebel
2 Esslöffel Kokosfett
1 Dose Kokosmilch
2 Esslöffel Zitronensaft
1 Teelöffel Salz
etwas frisch gemahlenen Pfeffer

TIPP

Falls gerade die Jahreszeit für frische Meerrettichwurzeln ist (November/Dezember), so kannst du beim Anrichten der Suppe etwas frisch gehobelten Meerrettich auf die Suppe streuen, oder du rührst ganz zum Schluss noch etwas ungeschwefelten Meerrettich aus dem Glas unter die Suppe – köstlich!

ZUBEREITUNG

› das Gemüse waschen, schälen und in grobe Stücke teilen – am besten der Länge nach vierteilen, dann in Scheiben schneiden
› auf einem Backblech das Olivenöl und darüber das Gemüse verteilen
› das Salz darüber streuen
› das Gemüse in dem Olivenöl wenden, sodass Öl und Salz gleichmäßig verteilt sind
› die Knoblauchzehen mitsamt der Schale aufs Backblech legen
› das Gemüse ca. 30 bis 40 Minuten (es sollte schön weich sein) bei ca. 180 Grad im Backofen garen
› in der Zwischenzeit die Zwiebel würfeln
› sobald das Gemüse gar ist, das Backblech aus dem Ofen nehmen
› das Kokosfett in einem Suppentopf erhitzen und die Zwiebel darin leicht bräunen
› das Gemüse, die Gemüsebrühe, Zitronensaft und den aus der Schale gedrückten Knoblauch dazugeben und alles zusammen schön in der Kokosfett-Zwiebelmischung wenden
› anschließend mit Kokosmilch und zwei Dosen Wasser ablöschen, erhitzen bis das Fett der Kokosmilch geschmolzen ist und abschließend alles zusammen mit dem Zauberstab pürieren (eventuell noch Flüssigkeit dazugeben)
› mit Salz und frisch gemahlenem Pfeffer abschmecken

Kürbiscremesuppe

ZUTATEN

1 Hokkaido deiner Wahl
2 Möhren
3 Kartoffeln (mehlig kochend)
1 Süßkartoffel
3 Esslöffel Kokosfett (Rapunzel)
2 Dosen Kokosmilch
1 Esslöffel indischer Curry
2 Teelöffel Kurkuma
1 Prise Muskat (am besten frisch gerieben)
2 Prisen Galgant
2 Prisen Bertram
1 Teelöffel Koriandersaat gemahlen
etwas frisch gemahlenen schwarzen Pfeffer
2 Teelöffel Salz
1 Stück Ingwer, ca. 1 kleiner Finger lang
1 Bund Petersilie
Kürbiskernöl
geröstete Kürbiskerne

TIPP

Frischer Koriander macht die Suppe auch sehr lecker!

ZUBEREITUNG

› den Hokkaido waschen, vierteilen und mit einem Löffel die Kürbiskerne vom Fruchtfleisch lösen und diese beiseite stellen
› den Kürbis in kleine Stückchen schneiden
› das restliche Gemüse schälen, waschen und ebenfalls in kleine Stücke schneiden
› das Kokosfett in einem Suppentopf erhitzen
› das gesamte Gemüse in den Topf geben, alles zusammen einmal bei hoher Hitze anbraten
› die Hitze deutlich reduzieren und sämtliche Gewürze zum Gemüse geben
› alles noch einmal kräftig durchrühren und mit der Kokosmilch ablöschen
› eventuell noch etwas Wasser dazugeben, sodass das Gemüse schön mit Flüssigkeit bedeckt ist
› den Ingwer schälen, klein scheiden und zu dem Gemüse geben
› alles zusammen einmal richtig aufkochen, die Temperatur herunterschalten und das Gemüse in ca. 30 Minuten weich köcheln lassen
› anschließend das Gemüse mit dem Zauberstab fein pürieren (eventuell noch Flüssigkeit dazu geben)
› fein gehackte Petersilie dazugeben
› das Kürbiskernöl sowie die gerösteten Kürbiskerne mit auf den Tisch stellen, sodass sich jede bzw. jeder die Suppe selbst dekorieren kann

Viel Freude bei der Zubereitung dieser köstlichen Suppe!

BASICS - so bescheiden, so vielseitig und so wichtig

Basics sind für mich in erster Linie während der Jahres-Ernte-Zeit vorbereitete oder eingeweckte Marmeladen, Kräuteröle, Chutneys, Pestos. So kann ich das ganze Jahr über darauf zurückgreifen, um meine Speisen zu verfeinern, eine Stulle zu schmieren, mir ein feines Sandwich zu gestalten oder sie als Beilage zu schlemmen.

Zu meinen Basics gehört auch die klassische Gemüsebrühe. Gemüsebrühe koche ich öfter im Jahr, da diese nicht so lange haltbar ist. Außerdem liebe ich den Duft von frisch gekochter Brühe. Trotzdem versuche ich gerade bei den Wurzeln die richtige Jahreszeit auszunutzen, denn auch eine Gemüsebrühe kann ca. 3 Monate und länger in einem Glas wunderbar haltbar gemacht werden.

Voraussetzung für eine langfristige Aufbewahrung ist immer, dass die gekochten Basics wie Gemüsebrühe, Chutney, Marmelade oder Kompott heiß in saubere Schraubgläser abgefüllt werden. Auf den Kopf stellen ist ein Relikt aus alter Zeit, das wir heutzutage gerne vernachlässigen können.

Grunddressing für alle grünen Salate

ZUTATEN

1 Tasse Olivenöl
5 Esslöffel Kräuteressig (Byodo oder selbst gemacht)
1 reife Avocado
1Teelöffel Senf
1/2 Teelöffel Salz (oder Kräutersalz)
1 Prise Pfeffer (am besten frisch gemahlen)
1Tasse Apfelsaft
1 Bund Petersilie
frische Garten- oder Wildkräuter

ZUBEREITUNG

› die Kräuter mit Ausnahme des Schnittlauchs etwas klein hacken, diese mit allen anderen Zutaten in ein hohes Gefäß geben und mit dem Zauberstab sämig pürieren

TIPP

· wenn du gerade keine frische Petersilie oder andere Gartenkräuter zur Hand hast, dann empfehle ich dir ein paar Löffelchen Kräuter-Pesto (entweder eine Wildkräutermischung oder Petersilie pur). Im Frühjahr mache ich an den Salat zum Beispiel gerne etwas Bärlauch und frische Brennnessel. Zum Sammeln der Brennnessel einen geschützen Ort im Park oder Garten suchen und die oberen jungen Blättchen ernten. Sollte

es dir zu sehr in den Fingerspitzen bitzeln, dann ziehe bei der Ernte einfach ein paar Handschuhe an (es reicht auch Latex)

- für die Ernte des Bärlauchs reicht ein kleines Küchenmesser. Einfach in einem Feld von frischem Bärlauch ein Bund greifen und an den Stielen – knapp über dem Boden – abschneiden
- ganz wunderbar eignet sich der frühe Morgen zur Ernte von wilden Kräutern. Es wird ihnen nachgesagt, dass ihre Kraft in den Morgenstunden am intensivsten ist

Kräuteröle

Eine sehr gute Freundin, ebenfalls Köchin mit Herz und Leidenschaft, inspiriert mich immer wieder zu mutigen Experimenten. Zum Beispiel das Kräuteröl ist genau so eine Inspiration.

Sie mag es genauso wenig wie ich leiden, irgend etwas an Nahrungsmitteln in den Kompost zu geben, wenn auch nur die geringste Chance besteht, daraus noch etwas zu machen. Also kam sie auf die wunderbare Idee der Kräuteröle, die im Endeffekt nicht anders zubereitet werden als die Pestos – nur ohne Nüsse oder Saaten.

Diese Öle lassen sich ganz wunderbar einsetzen, zum Beispiel bei Ofenkartoffeln, für allerlei Gemüsepfannen, zum Marinieren, zum Einlegen von Gemüse, für Kräuterquark, für Salatdressing, für gedämpftes Gemüse, für Pellkartoffeln.

HIER EINIGE ÖLEN, DIE ICH GEZAUBERT HABE:

Olivenöl mit Basilikumblättchen, Thymian, Oregano, Chilischoten, Lavendel, Salz – eignet sich ganz wunderbar für die leichte mediterrane Sommerküche

Leinöl mit Petersilie, Dill, Sauerampfer, Borretsch, Kerbel, Kresse, Pimpinelle, Salz – das Powerpaket zu Pellkartoffeln

Olivenöl, frischer Knoblauch, Chilischoten, Basilikum, frische Minze, Salz – wundervoll zum Marinieren, zum Beispiel von Oliven, Grillkäse, Grillgemüse

Sesamöl, frischer Ingwer, Kurkuma entweder frisch oder getrocknet, Salz – passt super zu einem gelben Kokoscurry

Ingweröl einzeln

Kurkumaöl einzeln

Um die Öle aufzubewahren, eignen sich am besten dunkle Gläser oder Flaschen mit Schraubdeckel. Wenn keine dunklen Gläser zur Hand sind, dann gehen auch weiße. In diesem Fall ist es gut, die Gläser an einem dunklen, kühlen Ort zu lagern oder in einem Karton, Kiste etc.

Pesto – Glas für Glas reiner Genuss ...

ZUTATEN
Wild- oder Gartenkräuter,
ein oder zwei Lieblingsöle
deiner Wahl
Sonnenblumenkerne, Pinienkerne,
Kürbiskerne, Cashewnüsse
oder Walnüsschen
Salz/Kräutersalz/Wildkräutersalz
Zitronensaft

TIPP
Falls es im Haushalt keinen Hochleistungsmixer gibt, ist der Zauberstab eine weitere Option. Dieser eignet sich auch ganz vorzüglich, wenn einfach nur schnell mal ein Glas Pesto gemacht werden soll, da vom Kochen noch Kräuter übrig sind. Hierbei ist zu beachten, dass die Kerne zuvor gut gemahlen und die Kräuter zuvor sehr fein gehackt werden und dass das Gefäß, in dem püriert wird, groß genug ist, um die Küche nicht unnötigerweise einem Großputz zu unterziehen.

ZUBEREITUNG
› in einer Bratpfanne bei niedriger Temperatur und ständigem Wenden 500 g Sonnenblumenkerne (oder Nüsse bzw. Kerne deiner Wahl) trocken rösten
› die Kerne bzw. Nüsse nach und nach in einer elektrischen Kaffeemühle mahlen
› die Kräuter deiner Wahl von dicken oder hölzernen Stielen befreien und klein schneiden
› das Gefäß eines Hochleistungsmixers großzügig mit einem Öl deiner Wahl füllen
› die Kräuter und etwas Salz dazugeben
› den Mixer erst auf die niedrigste, dann auf die höchste Stufe stellen, um das Kräutergemisch sehr fein zu pürieren
› anschließend den Mixer wieder auf die kleinste Stufe stellen und den Deckel vorsichtig anheben
› die gemahlenen Kerne bzw. Nüsse nach und nach solange dazu geben, bis eine breiartige Masse entsteht
› abschließend das fertige Pesto in Schraubgläser füllen und gut verschließen
› dabei ist für die Haltbarkeit wichtig, dass das Pesto gut mit Öl bedeckt ist und die Gläser an einem dunklen Ort aufbewahrt werden

VARIANTE
Diese Art der Pesto Zubereitung ist wie ein Grundrezept, das jederzeit nach Lust und Laune oder nach „was hab ich noch im Garten" verändert werden kann. Zum Beispiel Sonnen- und Walnusskerne zu gleichen Teilen mischen oder mit Pinienkernen aufwerten. Auch Cashewnüsse eignen sich wunderbar für ein Pesto. Klassisch ist es, wenn nach dem Pürieren noch etwas feingeriebener Parmesan untergehoben wird. Ich finde, dass das nicht sein muss. Wer Parmesan mag, kann diesen auch direkt vor dem Essen drüber streuen oder unter die jeweilige Speise heben. Die fertigen Gläser mit einem Aufkleber beschriften, sodass immer klar ist, was darin ist und wann es hergestellt wurde.

Hier vier Grundrezepte für je 300 ml Pesto, um ein Gefühl für das Mischverhältnis zu bekommen. Allerdings bitte ich dich genau zu schauen, ob das so für dich stimmt, oder ob du es lieber dicker magst, um dir zum Beispiel eine Stulle zu verfeinern.

Wildkräuter-Pesto

100 g frische Wildkräuter z. B. Schafgarbe, Löwenzahn, Giersch, Brennnessel Spitzwegerich etc.
30 g geröstete Sonnenblumenkerne
30 g geröstete Cashewnüsse
150 ml feines Sonnenblumenöl
1 Teelöffel Zitronensaft
1 Teelöffel Wildkräutersalz oder Kräutersalz

Basilikum-Pesto

100 g Basilikum
30 g geröstete Sonnenblumenkerne
30 g geröstete Walnusskerne
150 ml natives Olivenöl extra
1 Teelöffel Zitronensaft
2 Knoblauchzehen oder eine Handvoll Bärlauch
1 Teelöffel Steinsalz

Bärlauch-Pesto

100 g Bärlauch
60 g geröstete Sonnenblumenkerne
150 ml feines Öl (am besten Sonnen- und Olivenöl je zur Hälfte)
1 Teelöffel Salz

Sauerampfer-Pesto

100 g Sauerampfer
20 g Brennnesselspitzen
30 g geröstete Sonnenblumenkerne
30 g geröstete Cashewnüsse
150 ml natives Olivenöl extra
2 Teelöffel Zitronensaft
1 Knoblauchzehen oder eine Handvoll Bärlauch
1 Teelöffel Steinsalz oder Wildkräutersalz

TIPP
Bei einem Pesto, das ohne Erhitzen auskommt, reicht es, wenn die Kräutermischung im Glas mit Öl bedeckt ist. So bleibt ein Pesto auch über einen längeren Zeitraum haltbar.

Gemüsebrühe Grundrezept

ZUTATEN
3 Liter Wasser
1 Bund Petersilie
1 kg Möhren
1 Sellerieknolle
1 Staudensellerie
2 Petersilienwurzeln
2 Pastinaken
2 Fenchel (hier lässt sich alles verwenden)
2 Zwiebeln mit Schale (bis auf die äußere getrocknete Schale)
1 Schale von einer unbehandelten Zitrone

Gewürze:
2 Lorbeerblätter, 5 Pimentkörner, 1 Nelke, 2 TL Liebstöckel, 2 Prisen frisch geriebenen Muskat, 1 TL Salz

ZUBEREITUNG

› das Gemüse (bis auf die Zwiebel) gut waschen, abbürsten und von seinem Griebsch befreien. Eventuell schälen und in kleine Stücke schneiden
› die Zitrone schälen
› Wasser in einem großen Topf zum Kochen bringen, Gemüse, Gewürze und Zitronenschale hinzufügen
› zugedeckt ca. 1 Stunde auf kleiner Hitze einkochen lassen
› die Brühe durch ein Sieb abgießen, noch einmal kurz erhitzen und dann in Schraubgläser abfüllen

VARIANTEN
Gerade bei Gemüsebrühen sind deine persönlichen Geschmacksknospen ganz besonders gefordert. In Zeiten von Instant-Brühen, wovon es durchaus auch gute gibt, ist es eine kleine Herausforderung, seinen individuellen Geschmack zu entdecken. Ich bin jedoch davon überzeugt, dass du das hinbekommst.

Spiel einfach mit dem Gemüse oder den Kräutern, die du gerne magst. Vielleicht bist du Knofi-Fan, dann koche ein paar geschälte Knoblauchzehen mit. Oder du liebst die feine Schärfe und die Wärme von Ingwer, dann nur zu, reichere deine Brühe ruhig auch damit an.

Wenn im Sommer die Zeit von Minestrone angebrochen ist, so ist es sicher nicht verkehrt, einige Gläser Brühe, fein gewürzt mit den Zweigen des Thymians und des Oregano, im Schrank stehen zu haben.

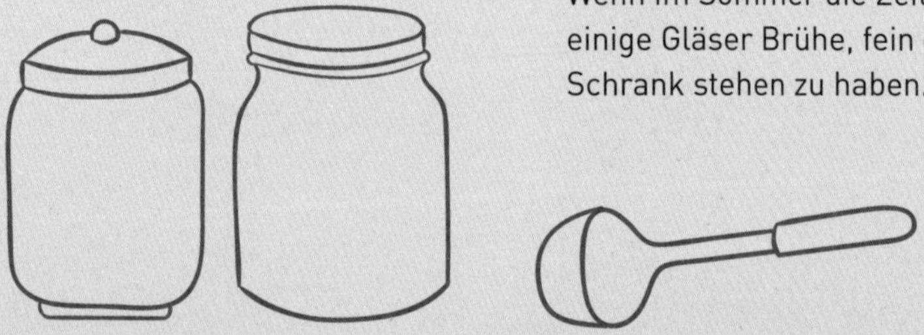

Arabischer Fond

ZUTATEN
3 Stangen Sellerie
1 kleine Paprika
1 Stange Lauch
2 Möhren
3 Stängel Petersilie
1 Knoblauchzehe

TIPP
Darin ca. 150 g Langkornreis garen, um arabischen Zimtreis mit Rosinen oder Datteln zu kochen.

Dazu passt ... Joghurt mit Minze

ZUBEREITUNG
› sämtliches Gemüse von unliebsamen Stellen befreien und waschen
› das Gemüse klein schneiden und zusammen mit den Gewürzen in einem Topf eurer Wahl mit kaltem Wasser auf dem Herd zum Kochen bringen
› die Temperatur herunterschalten und den Gemüsefond 1 Stunde vor sich hin köcheln lassen. Schneller geht es (nur 1/2 Stunde), wenn ein Schnellkochtopf zum Einsatz kommt
› zum Ende der Kochzeit den fertigen Fond durch ein Sieb in einen Messbecher gießen, um zu sehen, dass nach dem Kochen wirklich 250 ml vom Fond vorhanden ist. Wenn nicht, noch etwas Wasser nachgießen

Currysoße

ZUTATEN Grundsoße

2 Esslöffel Kokosfett oder Ghee
1 Esslöffel Öl
1 Zwiebel
2 Knoblauchzehen
2 Stück Ingwer
(1 Stück = ca. 1 kleiner Finger)
3 Teelöffel Curry indisch
1 Teelöffel Koriander gemahlen
1 Teelöffel Kreuzkümmel gemahlen
2 Teelöffel Kreuzkümmel ganz
1 Lorbeerblatt
2 Curryblätter
1 Teelöffel Assafötida
2 Teelöffel Salz
1 Teelöffel Chili in Öl
2 Esslöffel Tomatenmark
200 g Kartoffeln (mehlig kochend)
oder 1 Süßkartoffel
1 l Wasser
abgeriebene Schale einer halben Zitrone

ZUBEREITUNG

› Ghee oder Kokosfett und Öl in einem flachen Topf mit dickem Boden erhitzen
› die Zwiebel klein hacken und zuerst darin glasig dünsten, dann unter Rühren goldgelb braten
› den Ingwer und Knoblauch fein hacken, dazugeben und unter Rühren ebenfalls mit anbraten
› alle anderen Gewürze dazugeben und unter Rühren etwas anrösten
› Tomatenmark dazu geben, kurz erhitzen
› die kleingewürfelten Kartoffeln mit in die Mischung geben, eventuell noch Öl oder Ghee hinzufügen und alles zusammen noch einmal kurz auf kleiner Flamme (beziehungsweise auf Stufe 2 beim E-Herd) anbraten
› zum Schluss mit dem Wasser ablöschen, zum Kochen bringen, herunterschalten und ca. 20 Minuten köcheln lassen
› nachdem die Kartoffeln gar sind, die Gewürzblätter wie Lorbeer und Curry aus dem Topf nehmen und alles zusammen mit dem Zauberstab gut pürieren
› abschmecken und voilà – fertig ist eine wunderbare vollmundige Grundsoße

TIPP

· um ein eher gelbes anstelle eines roten Curry herzustellen, ersetze ich das Tomatenmark durch frische, geputzte Kurkumawurzel, die ich grob zerkleinere und in Öl püriere oder durch 2–3 Teelöffel gemahlenes Kurkumapulver
· wer keinen Knoblauch mag oder verträgt, kann diesen natürlich auch weglassen und anstelle dessen etwas mehr Assafötida nehmen
· wer keine Zwiebeln mag oder verträgt, kann diese selbstverständlich auch weglassen und einfach etwas mehr Currypulver nehmen

Basissoße für Kokos-Curry

ZUBEREITUNG

› für ein Kokos-Curry nehme ich einfach die Hälfte der Grundsoße (Seite 96) und eine Dose Kokosmilch, gieße alles zusammen in einen Topf, lasse diese wundervolle Soße noch einmal aufkochen, sodass sich das Kokosfett mit den andere Zutaten verbindet. Nach dem Abschmecken (natürlich muss ich nun nachwürzen, da sich das Misch-Verhältnis der Flüssigkeit verändert hat) gebe ich das Gemüse meiner Wahl dazu, um es al dente zu garen

› oder ich nehme einen Topf, gebe die Hälfte der Grundsoße (Seite 96), 300 ml Wasser und ein Päckchen (2 x 50 g) Kokosnusscreme dazu, lasse alles zusammen bei mittlerer Hitzezufuhr solange köcheln, bis die Kokosnusscreme geschmolzen ist und sich mit der Grundsoße zu einer cremigen Soße vereint hat (eventuell noch etwas Wasser nachgießen). Nach dem Abschmecken (natürlich muss ich auch bei dieser Variante noch nachwürzen, da sich das Misch-Verhältnis der Flüssigkeit verändert hat) gebe ich das Gemüse meiner Wahl dazu, um es al dente zu garen

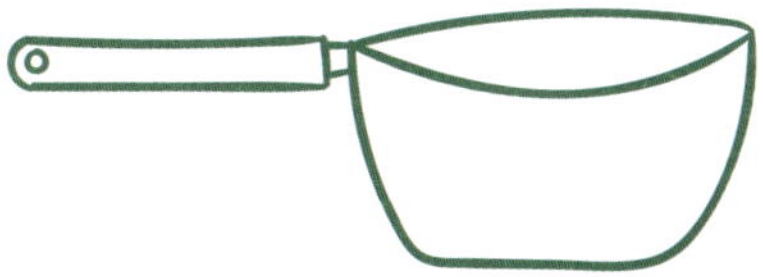

Sweeties – Süße des Lebens

Süße Dinkelwaffeln

Achtung! Teig muss über Nacht ruhen!

Ich wollte mit einem Produkt auf Tour gehen, das Kinder genauso zum Strahlen bringt wie Erwachsene. Mir war es von Anfang an wichtig, dass die Menschen, deren Weg sie an meinen Stand geführt hat, mit einem tollen Herz- und Bauchgefühl wieder ihrer Wege ziehen. Das war der Start für die in diesem Buch zum ersten Mal nach ihrer Entdeckung im Jahr 2008 als Rezept veröffentlichte Dinkelvollkornwaffel!

ZUTATEN

1 kg feiner Dinkelschrot
1 l Wasser
350 g Margarine
1 Esslöffel Zimt
200 g Honig (vegan = mit Agavendicksaft)
1 Prise Salz
1 Prise Galgant
1 Prise Bertram

ZUBEREITUNG

› die Margarine in einem kleinen Topf erhitzen und zum Schmelzen bringen
› die flüssige Margarine, den Honig (oder Agavendicksaft) und sämtliche Gewürze in einer Schüssel gut miteinander verrühren
› anschließend erst das Wasser, dann den Dinkelschrot einrühren
› alles zusammen nochmals kräftig durchrühren
› den Teig zugedeckt über Nacht stehen lassen, um den Zutaten die Chance zu geben, sich kennenzulernen und eine köstliche Verbindung einzugehen. Hierfür lieben sie weder einen zu kalten noch einen zu warmen Ort
› das Waffeleisen bei offenem Deckel auf Stufe 5 (Rowenta Waffeleisen) vorheizen
› vor dem Ausbacken den Teig mit einem Holzkochlöffel noch einmal schön durchrühren
› sobald das Eisen richtig heiß ist, eine Kelle Waffelteig in die Mitte der unteren Platte geben und den Teig gleichmäßig auf alle Herzen verteilen
› das Waffeleisen schließen (den Deckel nur darauf legen, nicht drücken!!!) und ausbacken
› den Deckel erst dann vorsichtig öffnen, wenn die Kontrolllampe des Waffeleisens grün leuchtet
› sollte etwas Teig am Waffeleisendeckel kleben, dann noch einmal für 5 Atemzüge den Deckel schließen. Wenn die Waffel dann immer noch am Deckel klebt, vorsichtig mit einer Gabel oder einer Gebäckzange vom Deckel lösen. Dass sich die Waffel dabei in 2 Hälften teilt, ist ganz normal. Nach dem Loslösen einfach den Deckel noch einmal schließen, langsam bis 10 zählen und fertig ist deine süße Dinkelvollkornwaffel à la Anita.

Dazu passt ...

alles was du gerne magst – von hausgemachtem Kompott über Schokocreme bis hin zu feinen Marmeladen und Chutneys!

TIPP

- die besten Waffeleisen für diese Waffel bekommt ihr gebraucht im Internet. Ich habe nach einigem Ausprobieren die tollsten Erfolge mit den älteren Modellen der Firma Petra oder Rowenta verbucht
- grundsätzlich ist es ganz wichtig, dass die Waffeleisen 1000 Watt vorzuweisen haben
- **ACHTUNG!**
  Es gibt Doppelwaffeleisen mit 1200 Watt. Das entspricht für jede Seite gerade mal 600 Watt, was natürlich viel zu wenig ist!

Süßer gelber Reis mit Safran

ZUTATEN

150 g Basmatireis
3 Esslöffel Kokosöl
50 g Mandeln ganz
50 g Kokosflocken
3 Teelöffel frisch gemahlener Kardamom
1 Zimtstange
50 g Kokosblütenzucker
300 ml Wasser
2 Esslöffel Kurkuma
1 Esslöffel Rosenwasser
50 g Datteln
50 g Rosinen
1 Prise Salz
Zur Deko Mandelblättchen
Granatapfelkerne aus einem Granatapfel

TIPP

Eine Deko aus Granatapfelkernen sieht nicht nur toll aus, sondern trägt durch die feine Säure der Kerne auch eine schöne Komponente zur Süße bei.

ZUBEREITUNG

› Basmati Reis waschen und ca. 2 Stunden in 300 g warmen Wasser einweichen
› die Datteln entsteinen, klein schneiden und beiseite stellen
› in einem flachen Topf das Kokosöl auf kleiner Temperatur erhitzen und darin Mandeln, Kokosflocken und Zimtstange für 3 Minuten schwenken
› Zucker, Kardamom und Kurkuma unterrühren bis (ca. 2 Minuten) der Duft von Kardamom deine Küche ganz und gar erfüllt
› mit dem Reis – samt Einweich-Wasser – die Komposition ablöschen, bevor sich Rosenwasser, Datteln, Rosinen, Salz im Topf einfinden
› den Reis unterrühren, einmal aufkochen, anschließend den Herd auf die niedrigste Stufe runterschalten, den Deckel auf den Topf geben und die süße Mischung ca. 10 Minuten köcheln lassen, bevor du den Herd ausschaltest und sie weitere 5 Minuten quellen lässt
› in der Zwischenzeit ein paar (ca. 3 Gramm) Safranfäden mörsern, das Pulver in ein halbes Trinkglas mit warmen Wasser einrühren und 5 Minuten ziehen lassen
› nachdem der Reis nun gar ist – falls nicht, einfach etwas warmes Wasser nachgießen – das Safranwasser unterheben und fertig ist dieser köstliche Reis

Achtung!
Bei diesem Rezept muss der Reis zuvor gewaschen und 2 Stunden eingeweicht werden

Bananenbrot

ZUTATEN

300 g Dinkelvollkornmehl
1 Päckchen veganer Ei Ersatz
3 gestr. Teelöffel Backpulver
4 Bananen
150 ml Hafermilch
100 g Margarine oder 100 ml Rapsöl
1 Päckchen Vanillezucker
50 g Süße deiner Wahl
50 g Walnüsse gemahlen
50 g Walnüsse gehackt

TIPP

Ein Stück Bananenbrot mit einer dicken Schicht Erdnussmus bestrichen genießen – einfach köstlich!

ZUBEREITUNG

› das fein gemahlene Dinkelmehl in eine Rührschüssel geben
› Backpulver zusammen mit dem veganen Eipulver unter das Dinkelmehl mischen
› die Bananen schälen, in kleine Stückchen teilen und zu dem Dinkelmehl legen
› in einem kleinen Topf die Hafermilch zusammen mit der Margarine erhitzen. Die Margarine flüssig werden lassen
› Vanillezucker und die Süße deiner Wahl in die Hafermilch einrühren
› die fein gemahlenen Walnüsse unter die Dinkelmehlmischung heben
› die grob gehackten Walnüsse ebenfalls zu der Party in die Rührschüssel geben
› wenn die Party voll im Gange ist, wird es Zeit, das Rührgerät in die Hand zu nehmen, es einzuschalten und in die Mehlmischung einzutauchen
› jetzt nur noch unter Rühren die Hafermilch einfließen lassen, auf sodass langsam aber sicher ein geschmeidiger Teig entsteht
› den Backofen auf 180 Grad vorheizen
› zum Ausbacken eine Kastenform mit Backpapier auslegen, den Teig einfließen lassen und als Highlight noch ein paar Walnüsse auf den rohen Teig legen
› nach 40 Minuten müsste die Verwandlung von einem geschmeidigen Teig hin zu einem duften Bananenbrot gelungen sein. Dies findest du am besten heraus, indem du mit einem Holzstäbchen in das knusprige, mit einer leichten Bräune überzogene Brot piekst. Die Transformation ist gelungen, wenn beim Herausziehen des Stäbchens kein Teig dran klebt
› jetzt ist es an der Zeit, das fertige Bananenbrot aus der Form zu holen, das Backpapier abzustreifen und dem Kuchen Zeit zu geben, sodass er abkühlen kann, bevor es heißt: Der Kuchen ist fertig!

Mangolassi

Mangolassi ist immer wieder ein großer Genuss. Auch wenn es viele Varianten von diesem köstlichen Milchshakes gibt, so ist und bleibt die Mangolassi einfach das Highlight unter den Lassi-Variationen. In unseren deutschen Gefilden gibt es leider nur sehr selten leckere frische Mangos. Aus diesem Grund ist es schwierig, ein geschmackvolles Mangolassi aus frischen Früchten zu zaubern. Aber zum Glück gibt es hier in Deutschland wunderbare Alternativen, die ich dir in diesem Rezept gerne aufzeigen möchte.

Mein Highlight ist die Variante, Mangolassi mit Mango-Püree (MangoPulp) herzustellen. Sollte im Bioladen kein Püree vorrätig sein, so kann der Online Shop von Govinda-Natur sicher weiterhelfen.

ZUTATEN

250 g Sojajoghurt
250 ml Hafermilch
300 ml Mango-Püree (fertig gekauft)
1 Prise Kardamom
1 Esslöffel Rosenwasser (nach Belieben)
1 Esslöffel Kokosblütenzucker
1 Prise Salz

ZUBEREITUNG

› alle Zutaten zusammen in ein hohes Gefäß geben und mit dem Rührgerät ca. 3 Minuten auf mittlerer Stufe cremig rühren

TIPP

· eine tolle Variante ist, eine Tüte (300 g) tiefgefrorene Mango zu kaufen, die Mangos angetaut in einen Blender zu geben und zusammen mit der Hafermilch zu pürieren. Danach wie oben beschrieben mit der Zubereitung fortfahren. Wer keinen Blender zu Hause hat, kann auch einen Zauberstab zum Einsatz bringen
· vor ein paar Tagen sagte mir eine liebe Freundin, dass das Lassi zusätzlich zu der gefrorenen Mango mit einem halben Glas Mango Frucht pur von Allos (75 % Frucht) wunderbar lecker herzustellen ist
· ein Mangolassi schmeckt kalt am allerbesten – also Eiswürfel aus der Truhe holen und ab in das Glas damit!
· anstelle von Eiswürfeln mit Wasser kannst du auch reinen Mangosaft als Eiswürfel einfrieren – köstlich! Als top of the top – in jeden Mangosaft-Eiswürfel einige getrocknete Rosenblütenblätter vor dem Gang in die Gefriertruhe dazugeben!
· für die Deko und als Geschmackshüpferl ist es wunderbar, eine Prise Flower Power Gewürzmischung von Sonnentor über den in Gläser gefüllte Lassi zu streuen – lecker!

Gerichte

Danke,

was für ein wunderschönes und kraftvolles Wort!
Ein kleines Wort mit einer starken Aussage und einer noch größeren Wirkung! Für mich bedeutet Danke sagen, etwas von dem, was ich bekommen habe, zurück zu geben. Auf dem Weg zu diesem Buch, das du hier und heute in deinen Händen hältst, wurde ich von so vielen Menschen auf ganz unterschiedliche Weise begleitet und beschenkt.
Da waren die Worte des Zuspruchs, die meine Seele berührten oder auch die schönen Orte, an denen ich zum Schreiben eingeladen war. Nicht vergessen möchte ich die materiellen Güter, die mir das Leben versüßten oder das eigens für mich zubereitete Essen, wenn ich im „Schreib Flow Tunnel" unterwegs war. Für all das – und noch vieles mehr – möchte ich von Herzen DANKE sagen und damit etwas von mir an dich zurückgeben!

Danke, liebe Ursula, für deine Liebe, mit der du mich seit 25 Jahren tagtäglich verwöhnst
Danke, liebe Irina, für deine Bilder und die vielen Umarmungen
Danke, lieber Valentin, für deine Freundschaft und die Lebensfreude, die uns verbindet
Danke, liebe Bernadette, für deine Schubkraft und deine liebevolle Unterstützung
Danke, lieber Hans, für deine Geduld und das Einbringen deiner wunderbaren Kreativität
Danke, an meine wunderbare und großartige Familie
Danke, lieber Jörn, für die schönen Worte zur richtigen Zeit
Danke, an Christin Liedtke und Christoph Gebler von rügendruck, für die tatkräftige Unterstützung
Danke, all ihr Yogalehrer/innen, die mich immer wieder in ihr Feld einladen und mir damit eine Bühne für mein Schaffen kreieren
Danke, all ihr lieben Yogaschüler/innen, die ihr nicht müde werdet meine Kunst zu feiern
Danke, an alle, die ich an dieser Stelle nicht erwähnt habe, aber die auf gar keinen Fall unerwähnt bleiben sollen!

BILDNACHWEIS

Alle Illustrationen: freepik.com; Foto Cover: natalia-fogarty/unsplash; S. 3: foodism360/unsplash; S. 7: Irina Alex; S. 9: ratul-ghosh/unsplash; S. 11: wikipedia.org; S. 12: freepik.com; S. 15: Ursula Kolb; S. 17: Ursula Kolb; S. 19: Ursula Kolb; S. 21: Anita Kolb; S. 23: Ursula Kolb; S. 25: Irina Alex; S. 27: Anita Kolb; S. 28: Irina Alex; S. 29: foodism360/unsplash; S. 33: Ursula Kolb; S. 37: Anita Kolb; S. 41: Anita Kolb; S. 43: Irina Alex; S. 45: Anita Kolb; S. 47: Irina Alex; S. 50: jennifer schmidt/unsplash; S. 53: Irina Alex; S. 55: Irina Alex; S. 56: Irina Alex; S. 59: v2osk/unsplash; S. 61: Irina Alex; S. 63: Irina Alex; S. 65: Irina Alex; S. 66: Anita Kolb; S. 69: anton/unsplash; S. 71: milada-vigerova/unsplash; S. 75: Anita Kolb; S. 77: Irina Alex; S. 79: Irina Alex; S. 80: freepik.com; S. 82: Irina Alex; S. 85: Anita Kolb; S. 86: Ursula Kolb; S. 89: Irina Alex; S. 90: joanna-kosinska/unsplash; S. 93: Irina Alex; S. 95: Ursula Kolb; S. 97: Ursula Kolb, S. 99: Irina Alex; S. 101: Ursula Kolb; S. 103: Anita Kolb; S. 105: hotchicksing/unsplash; S. 108: Anita Kolb

IMPRESSUM

Anita Kolb
Markt 10, 18581 Putbus
info@vegmampf.de
www.vegmampf.de

Co-Autorin: Ursula Kolb
Lektorat: Bernadette Wurster
Food-Fotos: Irina Alex, Ursula Kolb, Anita Kolb u. a.
Gestaltung: Hans-Albert Löbermann
Druck: rügendruck putbus,
Circus 13, 18581 Putbus
www.ruegen-druck.de

1. Auflage 2020

Gedruckt auf umweltfreundlichem Papier in Putbus auf Rügen

ISBN 978-3-00-067289-7